憂鬱的
—
邊界

一段跨越身分與國族的
人類學旅程

阿潑——著

憂鬱的邊界

一段跨越身分與國族的人類學旅程

作者｜阿潑
總編輯｜富察
責任編輯｜洪源鴻
行銷總監｜蔡慧華
封面設計｜萬亞雰
內頁排版｜萬亞雰
地圖繪製｜薛偉成

出版｜八旗文化／遠足文化事業股份有限公司
發行｜遠足文化事業股份有限公司（讀書共和國出版集團）
地址｜新北市新店區民權路 108-2 號 9 樓
客服專線｜ 0800-221029
信箱｜ gusa0601@gmail.com
傳真｜ 02-86671065
Facebook ｜ facebook.com/gusapublishing
Blog ｜ gusapublishing.blogspot.com
法律顧問｜華洋法律事務所／蘇文生律師
印刷｜成陽印刷股份有限公司

出版｜ 2017 年 3 月　初版一刷
　　　 2024 年 6 月　初版五刷
定價｜ 340 元

本書為《憂鬱的邊界：一個菜鳥人類學家的行與思》全新修訂版

國家圖書館出版品預行編目（CIP）資料

憂鬱的邊界：一段跨越身分與國族的人類學旅程
阿潑著／新北市／八旗文化／遠足文化／ 2017.03
ISBN：978-986-94231-5-1（平裝）
1. 旅遊　2. 報導文學　3. 東亞
730.9　106001285

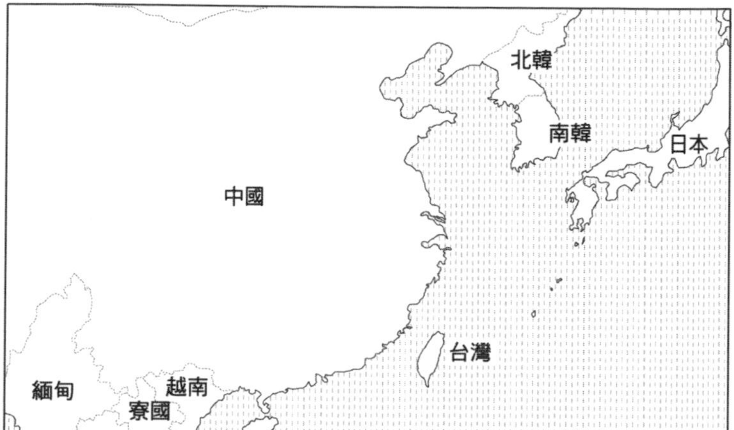
北韓
南韓
日本
中國
台灣
緬甸
越南
寮國
泰國
柬埔寨
菲律賓
汶萊
馬來西亞
新加坡
印尼
N

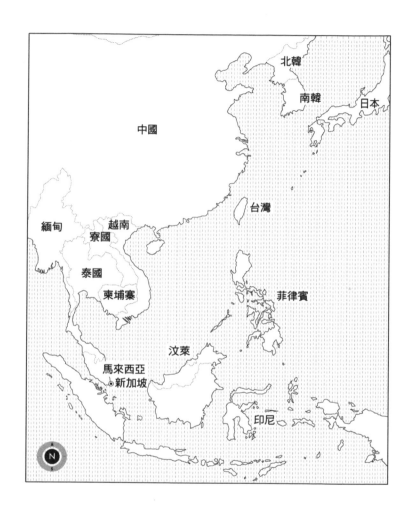

獻給我的父母

推薦——

穿越邊界的憂鬱——讀《憂鬱的邊界》

瓦礫／巴黎第八大學博士生

「界外」如何有意義？

「歷史的偉大與我們無關，只有旅途上的體驗才真實。」

儘管作者這麼說，但「邊界」一事，對台灣社會而言卻是一個不得不偉大的歷史課題。我們身處亞洲島鏈／南島系統／環太平洋體制之一端，界外有與海峽或大洋彼方的地緣關係，界內則有大小島嶼可能離哪個他者更近的識別緊張。儘管對每個住民來說，國界都是一片沉靜的海；但畫出邊界的那條線，仍然無時無刻不在人們心中閃現。

跨界旅行，因此最能激動島嶼住民。至今在台灣我們仍認為出過國的人們總是對世界理解更深；同時，援引海外的知識、經驗或語言則比純粹島內觀點更有意義。這並非毫無根據，但仍然是一個迷思，因為很少人告訴我們或甚至認真想過「為什麼」。本書作者阿潑試圖想說的，正是她如何累積十餘年來激動的軌跡——也就是一個開始闡述「為什麼」的起點。

邊界的意義如何和其他概念扣連？提出這個問題的同時，我們也能立刻發現，其實邊界早就在自己生活中各個可見或不可見的層面上產生效果。近代人類學甚至告訴我們：內／外、他／我等等諸多「界線」兩側的符號與概念，始終是「行為」的重要分析基礎。阿潑的知識訓練便來自於人類學，從帝國主義時期開始，這門學科從異國學、民族學，直到近期的文化人類學、公共人類學等，其生產內容與概念核心發展史便是不停地在各種邊界內外跳躍、反省、實踐的過程。要說人類學是一門永恆與邊界彼此纏祟的學科，也似無不可。

在這樣的情景之中，阿潑的文字企圖將讀者引領入門，但並非引向艱澀嚴整的理論內核，而是帶入有效的反省錨點，敲開我們日常生活中樸實無華的地表，展露出多層次的歷史積累。

低沉卻明亮的調性

那麼，邊界為什麼是憂鬱的呢？

阿潑似乎並沒有在書中任何一處提到憂鬱這兩個字，遑論進行深鑿。僅僅在後記裡，她才提到這本經典：《憂鬱的熱帶》。有趣的是，這本書的原書名是「Tristes Tropiques」，用英文看起來是「悲傷的熱帶」，以法文文法直譯則是「熱帶的悲傷」。總之，原書名並沒有憂鬱一詞具備的深度，但卻強調了悲劇性格。與這本書遙相呼應——有意或無意地——《憂鬱的邊界》裡很少見到較為學術性的討論。但即使如此，阿潑豐富而精鍊的田野所見，相對於李維史陀充滿個人情緒的文字，更著力於他人的情結，連在書寫自身的時候都飄散著某種旁觀塵埃落定的淡漠，其中卻又不時透露曾經明亮熱情的底蘊。

熱帶不識悲傷、邊界也不會憂鬱，卻總使人的年歲激動又沉澱。如同本書分為邊界、歷史與認同三個部分；但我相信讀者很容易便能了解這其中三位一體的理路，以及三者如何在每個段落裡磨合交纏而形成層層疊疊的脈絡。

出發前，先打包了問題

另一個不同之處，在於阿潑所描繪的更接近一場尋求「解答既定問題」的旅程。這個行為對人類學傳統而言可能有點危險，卻畢竟是促使本書得以落成的要素。在進入這些旅行目的／田野場合之前，阿潑不僅帶著人類學的訓練基礎，同時也打包了在出發前就干擾心緒的各種現象。這些現象至少包括了台灣人與東南亞各國人之間充滿緊張的關係、台灣人自身充滿焦慮的認同體驗，以及私下間他們／我們的辨識成形之後便自然出現的許多雜音。

我們於是可以理解，為什麼阿潑會特別在意某些表現：比起一般旅行者偏愛的物件、地景或風俗等奇觀，或一般人類學家會在意的文化符號構造，她更執著於某種存在主義式的考掘。儘管阿潑的敘事對象多限於華語／英語使用者——失去了與在地主流語言使用者的溝通機會，這或許是當代東南亞田野中政治最不正確的一種形式——但若我們在閱讀時謹記著這個前提及其限制，不把特定對象的經驗過度概化，認識到做為政治異議者、或難民、或他族、或只是恰好生在邊界的人們，如何被自己完全無力影響的事物回過頭來影響一生；我們反而更能聚焦於她筆下人群的憂鬱／沉穩，以及他們緊緊扣連著邊界／認同而展開的如戲人生。

對此，我提出的問題是：是否必然要有邊界，才會形成認同？是否必須要有認同，才會讓我們理解到邊界的存在？是否必須要有可見的傾軋，要有面對的難堪，才能產生必要的疑惑？阿潑告訴我們的現實是：傾軋從古到今依舊不斷發生，而認同與邊界在一再重寫的同時卻也一再聲稱自身的穩固，歷史逝去的事實克制不了歷史書寫對當下的嘲弄。邊界能強化民族的建立與自信、將一族或一村分隔兩地，或圍困人們之後再行排擠，也能灌溉出上一代的鄉愁和下一代的紮根。

於是對我來說，這本書無處不飄散著存在主義書寫的氣味。

另類的生命考古學之旅

身為在書裡也發表了意見的角色（以及算是看著這本書長大的人）之一，寫書評這回事對我而言有種微妙的時空錯切感。當然我沒有確實參與這本書的每個細節，但我也因此能夠想像，阿潑利用自己的旅行來承接如此繁多的個人敘事，再回過頭來評寫別人與自己的故事，會是怎樣的一種處境。

這必須從書裡「旅行的意義」談起。若說阿潑是帶著既有的問題跨出邊界，並在旅途中逐步思考、反省並肯認自己的身分以及面對他者的態度；那麼同時也應該強調，這些既是她的旅行「所得」，其實也是她為旅行設定的「目的」。或可說，本書揀選的文字所呈現出來的，帶有某種強烈的因果同一性。我相信在某種程度上，這方法導致本書的寫作與書裡提到的人類學「深描」技法之間產生一定的差距。事實上，我們在書中不太能看到傳統人類學豐厚的全觀式描寫，而更接近於一種另類的生命考古學，轉而專注於個人歷史的系譜以及當下處境的荒謬，並說服讀者隨時將兩者連結。

從現代反往歷史源頭行去

另外引我注意的是，本書開頭在越南的插曲，不但為全書下了註腳，也似乎決定了越南之旅將會占有較高比重的事實。這為整部寫作加入另外一條線索：阿潑向讀者述寫自己本身的系譜，旅程結束後一步步沉澱出來的層積紋理，以及浸染紋理的自己如何以不同的視野看待以往只能模糊意識到的他者存在。

這個註腳不僅決定越南之行的重要程度，同時也成為全書寫作方向的重要象徵：初到異地的文化衝擊，不是來自傳統習俗異獸奇景，而是存於當下卻不怎麼現代的科層體系。對於原因的追索，也因此扣緊了邊界與認同的主軸，朝向歷史的源頭行去。

這種探索式的書寫方法，顯然是得益於更早前阿潑所受的新聞學訓練以及後來記者生涯的實踐。書中文字也確實常有著報導文學的況味。只是若以報導文學的角度來觀看，本書的主題又顯得不那麼集中。但另一方面，基於台灣社會在邊界、歷史與認同這三個主題上長期存在的高度緊張，以及國界內各種相關主題論述的瑣碎、暴力與極化的趨勢，這本書的存在反倒在切入角度、立場選定和尋求同理等幾個方面，都提供了相對較新的選擇。

看見憂鬱，走向同理

長期在社會走跳，熟稔眾多政治訊息的阿潑，似乎長期以來最感不解的總是政治場域裡關於國家問題的眾聲喧嘩，以及每個聲音都堅稱自己才是真理的宗教戰爭態勢。成篇累牘的同語反覆，不只造成廣泛的政治疲憊，也形塑出面對異己時高亢易怒的普遍焦慮。島嶼上的居民彼此傾軋，面對外人的到來，不但難以同理，尚且一同施予無聲卻有力的輕蔑。

某種程度上，我們確實如書中所言，對於邊界這個概念，只有海洋意象而缺乏地界經驗。或許也正因如此，讓我們易於想像，甚至要求別人錨定於某種可以清晰切分的認同之上；但卻難以意識到：就算有幸數十年易地安居，時代與命運在起初時交相碾壓磨製的顛沛流離，以及棲身卻無根，甚或無論住留再久都不被承認的窘迫，是如何與眼前投石可及的異國／故土交織出一生再也難以言明的憂鬱。

或許，焦慮的台灣可以偶爾將眼光投往憂鬱的彼方。在那裡的人們，或許想要積極融入社會卻不可得、或許曾經懷抱自立的夢想、或許懷念精神的故土卻無法越界、或許政治立場毫不正確，甚至畫地自限的態度惹人厭煩，但眾聲喧嘩與多音共鳴對我們彼此都有值得發現的教訓。焦慮和憂鬱，也許終可在這樣的對視中逐漸獲取同理的能力，趨向理性的緩解。

——原文發表於二〇一三年三月《人籟雜誌》

推薦——

在跨界與回望中尋找自我

林書帆／書評網站「說書」作者

提到邊界，我總是會想到波蘭小說家奧爾嘉·朵卡萩（Olga Tokarczuk）的《收集夢的剪貼簿》，小說裡有一個二戰後因波蘭邊界西移而被遣返的德國人彼得·迪泰爾，多年後重回故鄉登山時心臟病發，剛好倒在捷克和波蘭的國界中間，兩國的邊防軍都發現了他，但為了避免麻煩，捷克士兵把他的屍體移到波蘭那邊，波蘭士兵又把他移回捷克這邊，迪泰爾腦中最後的畫面是關於阿爾本多爾夫木箱木偶戲的回憶——兩隊木頭軍人沒完沒了地將他的木頭軀體從一邊搬到另一邊。

朵卡萩在她的另一部作品《太古和其他的時間》裡寫道：「太古並不存在。太古甚至從來就沒有出現過，因為在通過那片或許有人能建立太古的土地上，總有成群結隊的、飢腸轆轆的軍隊不間斷地從東方向西方開拔。任何東西都沒有名稱。土地讓砲彈炸的到處都是窟窿，兩條河，兩條病懨懨的、受傷的河都流淌著混濁的水，很難將它們區分開來。石頭在饑餓的孩子們手上瓦解，撒落。」對波蘭歷史稍有了解的人，應該很容易將太古的命運和它聯繫在一起，我們會說波蘭曾多次「亡國」，但其實國家是不會死的，反而因國家而死的人要真實太多。彼得．迪泰爾的故事提醒我們，憂傷也不只是波蘭的憂傷。

或許太古寫的也是地球上每一塊曾被戰火蹂躪過的土地，比如台灣。海島台灣不像波蘭與數個國家接壤，阿潑在《憂鬱的邊界》裡提到搭飛機穿越國界與走水路陸路的不同感受，因為「邊界沒有水平寬度」、「沒有曖昧含糊的平面空間」，因此跨過一條線即置身他國這件事總給人一種超現實的感覺。國界可以畫得筆直沒有一絲妥協，卻會與人心中的邊界——自我認同或斷裂或糾纏不清。阿潑形容現代國家的邊界如同數學的絕對值不可挑戰，但偏偏這數值有時又會一夕改變，因此造成了更加超現實的現象——昨天還是這國人，今天就變成那國人，或甚至同時既是這國人又是那國人，這便是邊界之所以憂鬱的原因。

這本書的憂鬱有兩個層次，首先透過作者的觀看，我們讀到許多生活在像印尼、沖繩、泰緬邊境或澳門這樣有著曖昧邊界和複雜歷史之地的人們的故事，同時作者也被這些國家的人觀看而引發自身的憂鬱（反思），雖然阿潑並沒有直接寫台灣，但就像太古不只是波蘭，許多相似的故事也曾在台灣發生。比如書中持有三本護照的澳門人，正像是鍾理和筆下中日戰爭期間居留在中國的台灣人，衣兜裡同時放著中國政府頒給的居住證明書和日本居留民團的配給票。

阿潑提及的另一個故事，也很能展現「認同邊界」的複雜性。她在造訪沖繩時，詢問旅店的櫃檯小姐是不是日本人，她起先回答「當然是」，但在知曉台灣曾被日本殖民的歷史後，她告訴作者，「我們也被日本殖民過」。這令我想起台文相關系所學生都熟知的一場論爭：陳芳明與呂正惠兩位學者關於「再殖民論」的對話。陳芳明將戰後國民政府的戒嚴、高壓統治視為一種殖民形式，而呂正惠反駁陳芳明的其中一個理由，就是殖民的定義「是說有一『外國』來統治」。按照這樣的定義，這位沖繩女孩的說法看似矛盾，但若回到沖繩及台灣的歷史脈絡中去思考，便會覺得那個時代讓某些群體有「被殖民」的感受，並非難以理解之事。沖繩女孩的殖民觀或許不被視為一種學術論述，但我認為，她與陳芳明、呂正惠兩位學者對「殖民」的認知，都源於自身情感之所繫。我們的功課就是儘量平等地去理解這些不同的情感。

然而，選擇不同的情感歸屬往往也同時意味著在內心築起邊界、區分他者。既然邊界總是令人憂鬱，我們是否該致力消除邊界呢？阿潑引用社會人類學家巴斯（Fredrik Barth）的理論，指出區分自我與他者是凝聚族群向心力的手段，要達到不分彼此的境界是不太可能的，但其實這本書「觀看同時也被觀看」的書寫基調，已經賦予了他者一個積極的意義：是鏡子而非壁壘。如果「地方」如同生態批評學者斯洛維克（Scott Slovic）所言，是建構於離去與歸來的張力之間，那麼或許我們可以說，「自我」是建構於跨界再回望的過程。就如阿潑在書末寫下的句子：理解了「他們就是我們，我們也會是他們」之後，「我們才會是我們」。

推薦——

徜徉在族群邊界的旅人

彭依仁／香港書評人、詩人

試想一位年輕的人類學家，如果他決意像一個旅人般徜徉於不同國家的邊界，並以身處他方的所見所聞，去引證自己所學到的知識，那會是怎樣的情形？

通常，人類學家總是那些編寫民族誌的學者，而遊走在邊界的人類學家似乎會為身處界線的族群寫下置身於「國與國之間」的生活形態，而本書作者去的地方還受過殖民統治、內戰的洗禮，在東南亞各國之間，還有許多世代互相殺伐或與政府對抗的族群，阿潑的行跡表現出欲展現一種展示及思考東南亞社會實況的野心，雖然《憂鬱的邊界》不像許多人類學經典一般訴諸嚴謹的研究方法，卻以文學筆觸抒發出一個旅人最真切的實地感受。

人類學家一方面設立種種研究框架，另一方面又接觸最鮮活的人們，他們每次進行田野研究似乎非得推翻自己的理論和常識不可，下筆似乎總得搖曳生花，他們的觀察似乎總得走進對方的世界，又得躬身回到自我的疑惑和反思，這份疑惑也伴隨着著一方面作為人類學家、另一方面作為普通旅客的阿潑上路。此外，阿潑也受過新聞訓練，偏愛閱讀卡普欽斯基，書中亦用這種紀實、沉凝有深度的筆觸，以東南亞行跡的所見所聞來引證人類學專業賜予她的知識和對民族國家的思考。

人類學本來是西方殖民主義者的科學產物，其對象是殖民地或非西方土地上的不同族群；直到二十世紀，人類學家對西方文明以致其衍生的政治經濟概念也多有反思。當代的民族國家觀念源自對文化、血統、種族、語言等方面差異的論述，然而是否普遍適用，則值得商榷。不同種族、語言跨越國界的例子，實在太多，此現象在東南亞各國甚至中國邊境上，尤為常見。苗族是其中一個例子，部分苗族為逃避清政府的迫害而流徙到中越邊界、甚至寮國（今老撾）境內。作者也發現，寮國和泰國之間的民族差異模糊難分，寮國的主要民族佬族是傣族的一支，而湄公河並非兩國的自然邊界，而是暹羅吞併瀾滄王朝（寮國前身）湄公河西岸藩屬國的結果。

國界往往是人為的，是不同主權透過戰爭建立，甚至是戰敗的妥協結果。今日柬埔寨的國界線，是昔日真臘沒落後被越南、暹羅侵入以致國土龜縮的結果。即使現代社會根據國際法衡平疆界，國界線也在不斷調整，各國對國土的爭奪也是對自然環境的爭奪。比如紅色高棉執政時曾出兵以圖占有（或可稱為「重奪」）湄公河三角洲，最後引致越南侵入並推翻政權。不深入了解戰爭和邊界波動的歷史，就無法理解今日各國邊界和經濟發展的和平局面（比如中、越、泰、老、柬等國共同使用湄公河）的背景。

遊走於東南亞的邊界，也就等於進入東南亞各國從古到今充滿烽火的歷史，聽聽雙方對敵人的看法。在國界線複雜多變、多民族混雜的地方，後者尤其重要，要是不去印度尼西亞親身感受一下從政府高層到平民大眾對華人的歧視，以及當地華僑對印度尼西亞人不無歧見的看法，就很難引證蘇哈托政府「始於政治（以經濟主導權與華人交換公民權），終於經濟（指責華僑商人為金融風暴的始作俑者）」的排華政策。歷史往往就建立在雙方充滿敵意的詮釋之上，例如對於柬埔寨與越南的戰爭，柬埔寨人與越南人總是互相指責，這種兵戎相見的敵意在這個開放和民主化的年代變成了竊竊私語，然而依然先入為主地指導著雙方對於彼此的觀念，這是一道由官方意識形態主宰被統治者的無形國界線，對於被統治者來說卻又至關重要，因為它為「你是誰？」這關乎本質的問題提供了直截了當、儘管亦不無偏見的答案，也構成了主權的存在理由。

《憂鬱的邊界》以東南亞國家遊記開始，然而書中記載的行跡並不限於東南亞，作者以祖輩曾被日殖的台灣人視角去看今日被美軍占用基地、受日本經援的沖繩；在中國東北地區與朝鮮族老教授對談，並縱談今日韓國人和朝鮮族在中國北方的生活；在越南明朝遺臣故鄉會安，邂逅一位祖先從中國逃到越南、又因越戰而逃到美國的華僑。作為曾被日本統治的台灣人後代，作者在沖繩引證了書本上記載的台灣婦女在這裡為生計而作的艱苦勞動，又想起在《八重山的台灣人》中提及已歸化為日籍的沖繩台籍華人。在越南華僑新生代身上，作者亦見證了國籍如何刷洗掉祖輩的民族記憶，正如新一代越南華僑女孩亦自視為同樣紮長辮子的越南人。這些經驗更直接地衝擊著作者對身分的思考，誘使她去思考「我是誰？」的問題。

從甲午戰爭到太平洋戰爭，被迫歸化為「皇民」的中國台灣人，在軍國主義的教育下，開赴婆羅洲的前線，唱著為天皇而戰的軍歌；在國民黨的統治下，他們的身分認同又被重新建構，這是台灣人心中的迷思。而在婆羅洲這偌大的島嶼上，印度尼西亞蘇加諾政府又同樣為了統一同屬馬來語族的宏願，而在他們稱為卡里曼丹的島嶼上，與語言相通的馬來西亞人進行戰爭。而下一代往往生長於風浪止息的和平時代，接受學校裡的標準教育，不再追溯歷史中的悲情，對於身分也不再迷惑，唯有那些像作者般承受了異地見聞的衝擊，在長夜裡爬梳書本並感到心有戚戚然的知識青年，會追問：「我是誰？」如此一來，又把自己推到身分的邊界。

別以為「我是誰？」是紋絲不動的心靈邊界線，作者告訴讀者，身分問題其實更應該是不斷追問「我不是誰？」的問題，而且國界線在不斷變動。作為在台灣長大的人，作者既遊走於邊界之上，也思考各地華人、東南亞華僑、東南亞在台雇工、沖繩台灣人心中的邊界。其實這也是每一個人所要承受的邊界，和那種對於身分認同的共同焦慮，令遊記裡多了一份深遠的鄉愁。

——原文發表於二〇一三年五月十二日《晶報》

推薦——

憂鬱的背後是一股綿綿的勁道

羅正心／東華大學族群關係與文化學系教授

阿潑的文章包含許多內涵，有歷史、地理、政治、經濟、社會，與戰爭。這是因為多元真實須有多重向度的關照，這正是人類學「全貌觀」的意義。除了全貌觀外，我以為人類學尚有比較研究的特色，同時追求在地觀點，力圖避免我族中心主義，而其方法是田野工作。阿潑遵循這樣的學術精神，探究現況的紛雜源由。她對族群／認同的反省，尤其值得相關研究者注意。

本書所探討的族群／認同，不論其主題是置於「邊界」，或「歷史」，或「身分」，都見到濃郁的人文精神。我們從阿潑的文章中，看到悲歡離合世局中，一個又一個隨緣，也是堅韌活命的人。透過戰爭、流離、殖民的故事，阿潑總是以人為主體，聆聽他們的敘說，觀察他們的行動，描摹他們的生命經驗。其中有與阿潑同代的青壯年，也有比阿潑大上一兩輩的長者，唯其如此，她才累積了足夠的情感與理智，得以展現筆下的人物，如何在游移的邊界中，逐步建構其身分與認同。

「邊界」是個無法避免的專有名詞，如果沒邊界，如何講模糊曖昧的地帶？然而有邊界，也正是情感無法安歇的因素！不得以而用「邊界」一詞，只好是「憂鬱的」。我們在書中看出，有政治的邊界、國家的邊界、文化的邊界、情感的邊界。原來在現實生活中，邊界並非單數。阿潑以人們的複雜處境，描繪出流動的、變化的、雜揉的邊界，並詳述在其中安身立命的故事。

本書文字表面是旅遊景況與心情的書寫，但絕非一般的旅遊誌。很少旅遊書寫會參考、引用到如此豐富的文獻，涵蓋史冊、論著、文學、紀錄片、電影、小說、歌曲、新聞報導；而為了探究真實而訪談、引述的人物，又多到包括居民、商人、作家、學者、戲劇工作者、大學同學、不同時間認識的各行業朋友。阿潑談論國家、戰爭、遷徙、觀光、消費、身分、認同，並隨時回顧自己成長經歷，詢問自我認知的形成、國家概念的產生。儘管主題嚴肅，但議論動人，讓人無法輕易釋卷。

這本書是以厚實的文獻、深度的剖析，以及形象的摹寫，打開多向度、多層次，時而是炫目的、奇詭的，或瑰麗的文化世界。任何政治決定論、經濟決定論、地理決定論，或化約到幾個因素的文化論點，都不足以說明族群／認同的現象。文化的複雜性正是表現在此，以及它的力量正是潛藏在政治、經濟、宗教、親屬等，甚至難以命名、分類的行為與思想裡。既是如此，就多虧了阿潑的人類學敏感度。

阿潑的書名副標是「一個菜鳥人類學家的行與思」（編註：舊版書名副標），我看一點也不菜鳥，還恰恰突顯人類學一種創造性的反思與書寫實踐，回應八〇年代以來，人類學對「再現」（representation）的檢驗，例如，《作為文化批判的人類學》（Anthropology as Cultural Critique）所反映的學術潮流，包括從寫實轉向詮釋、著重世界體系（政治經濟）下社區與人物的應變，以及藉著異己的民族誌知識，回反自身文化的批判。

不獨如此，本書的寫作風格，我認為也足以作為一優良的民族誌。人類學和其它專業學門的學術著作，屢被檢討是否一定要依循文獻探討、研究方法、資料分析的程序，那種標準化到落入窠臼，甚至令人難以卒讀的形式。況且有些議題，並不一律適用理性的語言、線性的組織，尤其是對於某些身體的、感官的、心智的經驗，或生命史。

阿潑的書寫往往從感官經驗進入，讓讀者在閱讀時，也引起色彩、聲音、氣息、溫度、味道、觸覺，以及整個身體投入的感知。如此詩性，卻未減少理性；甚且因著譬喻，讓讀者身歷其境，引發智識騷動。這種寫法正符合近時「感官人類學」倡議的民族誌書寫風格。由於阿潑談論的是平常人在非常時空下的處境，自然的，容易讓既有此銘心刻骨，以及未有滄海桑田經驗的人留下憂鬱感。但是憂鬱的後面，則有一股綿綿的勁道，讓我們確定，那些憂鬱，只是就常理而言情不自禁與難以為情，而非人生絕境！

推薦——

邊界時空中的記憶與真實

張翠容／香港資深新聞工作者

直到我執筆，寫這篇序言時，我似乎還未有機會與阿潑見一面。但，我們通過好幾次電郵，源起於她在我的部落格留下了一些感言，字裡行間充滿她在理想與現實之間的掙扎，卻又不失對世界的熱情、好奇與關懷。

她告訴我，她唸的是新聞系，在記者這個行業徘徊不定，有志難抒。相信這是多少鍾情於新聞工作的同行的心聲。當年，我不也與阿潑一樣嗎?!

那不如自己走出去吧！

想不到，我在書中曾提及到波蘭記者卡普欽斯基的事跡及其作品，對阿潑有如此深刻的影響。事實上，我們在部落格上的談話，就是從卡普欽斯基開始，並在談話中不知不覺跨越了一個又一個的邊界。

「越過自身經驗的邊境，就是世界。」

這是卡普欽斯基的《帶著希羅多德去旅行》中文版書腰一句很醒目的說話。

就這樣，卡普欽斯基也拖著阿潑走出自身經驗的邊境。有趣的是，今次，阿潑所走過的亞洲地方，這包括越南、柬埔寨、寮國、緬甸、泰國、印尼、馬來西亞、新加坡等，可能反過來，令卡普欽斯基更有所好奇。他本來對東方一直抱有很大的好奇心，因此他跑進印度與中國。

「在我們這個星球上，多少個世紀以來，歐洲一直處於主導地位，現在我們已經進入了一個新的、多元文化的時代、歐洲大陸以外的社會和文化在人類大家庭中，將會享有自己的尊嚴並得到應有的尊重。」

卡普辛斯基還說：「那些令你著迷的國家會激起你對生活的激情，那些剛剛崛起的新大陸，儘管那裡還存在著貧困和飢餓，但這一切都與對美好明天的憧憬相隨。」

卡普辛斯基或許有一個遺願，就是有機會多往亞洲其他地方，感受該地區的歷史、族群、文化的多樣性。

阿潑好像明白了卡氏的心底渴望。我把她的書稿一路讀來，竟然看到卡氏的身影。

例如，阿潑在書中處處對歷史作深思：

「我們對過去政治疆界的想像和理解經常被現代國家（nation）的概念所綑綁，所以有時候很難理解東南亞國家歷史的推演，因為他們的國界隨著權力中心的轉移而變化，權力中心衰弱時，遠處的城邦就會效忠於其他王國。因此，每當學者談論舊東南亞王國時，都會談到『曼陀羅』（mandala），這個梵語有『權力圈』的意思。」

但，也有與當地文化互動時所產生的趣味：

「只是，我們對政治觀察的興趣還是比不上『尋找鬥雞』，儘管最終的收穫只是發現街頭幾隻受傷的公雞，但伊斯蘭教斷食日和殺牛宰羊的慶典我們倒是在爪哇的第二早就遇上了。在分食的前天，整個雅加達街頭巷尾都可以看到被拴綁在路邊的羊，我避之不願參與，以為繞過清真寺就好，不料早晨才走出門，就看到一群嚇得腿軟的羊咩咩，還有另一角聚集的人們及地上清楚的血跡，嚇得我拔腿就跑，趕忙回去，而這也是我在印尼唯一一次奔跑——當然跳進的，還是自家旅館的院子。」

更有對不同族群命運的探討：

「賴樹盛提到一個克倫族菁英的故事：他的父母是公職人員，推崇緬甸政權，但當他獲知自己因克倫族的身分而未能分發到醫學院時，便開始反思族群問題，最終放棄學業投身反政府運動。而後，便不停出入牢獄，最後只得避走他鄉，進入叢林，並加入了克倫獨立國武裝部隊，大半生都和死神搏鬥著。一次在泰國克倫人的協助下，他來到了泰國，躺在醫院裡休養期間，恰巧遇到皇太后巡視邊境，幸運取得居留權，不過，卻得用三個條件來交換：不能碰毒品、不能違反法律，不能碰政治，否則要驅逐出境。」

這不正是卡普欽斯基所善用的寫作手法?!當然，卡氏是位報導文學的高手，已屬大師級；在他面前，我和阿潑只是後輩與學生，可幸我們找到了座標。

與卡氏的文學書寫不同，阿潑寫來尤如人類學者式的報導，原來她的確也曾唸過人類學。

作為人類學畢業生，她對邊界有一種複雜的情感。站在邊界上，她有那些「魂牽夢繞要做的事」：去跨越一下國境，探究一下國界的那邊究竟能看到什麼？

她巨細無遺一一記錄下來，為的是讓真實說話，以抗衡人類的無知與遺忘；同時也免於我們陷入狹隘的地方主義。一般而言，地方主義所指的是地理空間，即是人容易把自己的思維受身處的物質空間影響，並誤將之普及化。但，有另一種地方主義是屬於時間上的，在這裡，歷史成為一個時代某些生存者的財產。

只有不斷行走，走出我們經驗與人為的邊界，才能對抗遺忘與狹隘的地方主義。

阿潑是不一樣的旅者，這本書亦是不一樣的旅行札記。

新版序——在路上

《憂鬱的邊界：一個菜鳥人類學家的行與思》初版是二〇一三年一月，距離我起心動念替自己的旅行完成一本書，已有三年之遠。

動筆前，八旗文化總編輯富察給我一個寫作目標：「如果真的要寫，就要寫一本五年內沒有人能寫得過你的書。」這是出版人對作者的期許，也該當是作者的自我要求。

「應該可以吧。」我沒什麼信心，但掃一下出版市場，別說人類學的大眾讀物缺乏，光是「東南亞」題材就是大冷門。我其實是在邊緣中找生路，做的是沒有人做的事，當然不需競爭。

然而，寫書不是為了競爭，是承諾。學生時代、國際志工訓練課程中，第六屆醫療奉獻獎得主郭惠二教授不斷叮嚀我：「以後你一定要寫本小學生都能看得懂的人類學作品。」在非洲奉獻多年的他，曾在西方求學，深知人類學的重要性——這是一門瞭解異文化的學科，在西方教育中是基礎科目——回台灣後，總是不明白為什麼母國如此缺乏相關教育和視野。他大嘆：「不論外交、援外、商業、政治與經濟，都需要人類學知識跟態度啊。」而後搖頭：「難怪處在這種困境裡。」

每當他提起寫書之事，我都會說：「教授，我無法度（沒辦法）啦。」但他的觀察與遺憾，確實也是我擺在心裡的疑問，為什麼這些領域都缺乏人類學素養。於是總想著：「有沒有可能在易讀的文章中，偷渡些人類學的觀念與思考呢？」所以，我有了一個部落格，打著「馬凌諾斯基」的名號，詐騙了許多想要報考人類學或急著寫報告的學生，而後由網路平台為起點，延伸出一本書的念頭。

不是把部落格文章收羅成一本書，是有主題甚至有個學術理論的方式，重構這件事。儘管我只讀了三年人類學，甚至成績很普通，將「人類學家」抬出來實在過於驕傲，不免心虛。但若不如此，我耗盡心血寫書也就沒意義了。不論別人怎麼看我，如何定義我的作品，我都得把「人類學」三個字推出去才行。我希望那些對人類學無知、或對它好奇的年輕學子，能夠不困難地，跟著我的視角，一起看看這片風景中的一小角。（書出版後，人類學界非但不以為忤，甚至表示肯定與鼓勵。讓我很是感激。）

除此之外，我還有一個企圖，就是把台灣周遭國家拉進來，放在這島國的肚腩裡，讓讀者能夠在一個天平上感受彼此。

即使日後《憂鬱的邊界》被定位成一本「認識東南亞」的作品，但促使我動筆寫書的關鍵是沖繩。二〇一〇年，前往沖繩旅行的我，驚覺沖繩列島距離台灣如此近，與台灣近代史關連密切，然台灣人看待這北方的島卻像是看待墾丁那般，只是觀光渡假的熱帶，渾然不覺沖繩明明位在「北方」，更忽略它的「困難重重」。它並不明亮，而是裹著悲傷。每每演講，我都會問聽眾對沖繩的想像，再以戲劇性的語氣說：「如果（二戰）登陸戰不是發生在沖繩，那麼盟軍接管的將會是台灣；如果美軍基地在台灣，那麼日後韓戰、越戰、伊拉克戰爭，軍機起飛的地點就會是台灣。」一如我在書中所寫，韓戰、越戰的發生，某種程度是台灣得利，獲得美軍協防與美援（當然也加強白色恐怖的劇烈），但我們看待這些戰爭、這些地區，卻是那麼地與我無關，始終以某種理所當然的視角，看待他者。

這本書的書寫緣起，從不為了「讓你認識東南亞」。我從不希望自己的書鼓吹新南向，質疑各位的無知，甚至吸引人前往這些地方，探索這些景點——像是我在

〈東埔寨〉那章提到的旅行方式：「旅人如複製明信片一般，以類似角度拍攝這個世界遺產，上傳到網路，以千篇一律的語彙和形容詞表達了它。」我渴望讀者體會一種不去重複敘事或刻板印象的態度，找出自己理解文化社會的角度，包含自己成長的土地。而非僅僅盲目跟隨：不論朝北、向南或往西。

但不論我願意或不願意，當有些讀者告訴我，這本書如何引領他們走入東南亞或自己田野，乃至投入行動時，我會在心裡痛哭流涕，感謝他們回應我的書寫。當然，我與我的書並不是最直接的原因，他們所回應的，無疑是這個社會的趨勢。相比我在二〇一〇年提筆書寫時的「寂寞」，七年後，《憂鬱的邊界》重出新版、並重新定位書名副標的此刻，台灣對亞洲的態度和溫度已然不同：「南向」是媒體封面標題，甚至成為政策，新住民當上立委、新二代獲選台灣傑出青年；鮮少將眼光放在東南亞的出版界，接連翻譯、出版東南亞相關書籍，網路平台刊出大批東南亞文章論述。許許多多台灣青年深入東南亞，學習語言、積極參與社會運動，融入當地文化中……

還不到允諾的五年之期，別說人類學民族誌書寫，光是東南亞書寫就百花齊放，不免讓我慶幸：「幸好我腳步快些，否則，真的寫不過別人吶。」不僅僅是東南亞，書中提到的中國、韓國和沖繩，已有諸多年輕寫手、記者投入，採回一個又一個的故事，那《憂鬱的邊界》還有重新出版的必要嗎？這本書還能回應這個社會的需要嗎？它又能回答什麼問題呢？

我只能說，除了必須面對初版時的錯誤與草率外，剩下的，仍得由讀者或市場來回答我。

這次重出，除了修訂文字與些許段落外（以沖繩篇調整最大），並無增添新篇章或書寫。即使，每當我重翻這本舊作，總覺得有些不足，老想著填補的必要；畢竟，無論如何，就是讀得不夠多，走得不夠遠，想得不夠深，問得不到底……填補的方法，就是更多的閱讀，更多的採訪，更多的現場，更多的討論。《憂鬱的邊界》出版後到今天，這將近一千五百多日子中，我仍然在旅行，在各類專題、書寫與閱讀中，增加理解與觀點——特別是沖繩與韓國。我累積了更多故事來回應原本的書寫，我拿更多的旅行來與自己的經歷對話、辯論與討論。這些文章也散見在網路上，更多讀者是透過沖繩、日本、韓國的文章來認識我。

因此，於我而言，這本書從來就不是旅行的終點，而是一個基點，我必須要累進自己，來更新過去的自己，要讓往前走的自己來要求努力跟上的自己。我衷心期盼，翻閱這本書的讀者看到的不是故事或歷史而已，還有理解他者的方式與態度，甚至必須要求自己親眼看到聽到，並且發問，找出自己的問題意識，也能追尋到答案。

我還在路上，希望我的讀者也是。

最後，寫書真的是件苦差事。我由衷感謝細細閱讀、給我回饋，或是撰寫心得評論、乃至於付諸行動的讀者，為我帶出更多視野與風景。這遠遠超越一本書的價值。也是書寫的價值。

2017. 2. 28.

目次

第二部
歷史的迷途

第三部

身分的岔路

第一部

曖昧的邊界

越南
邊界的誤會

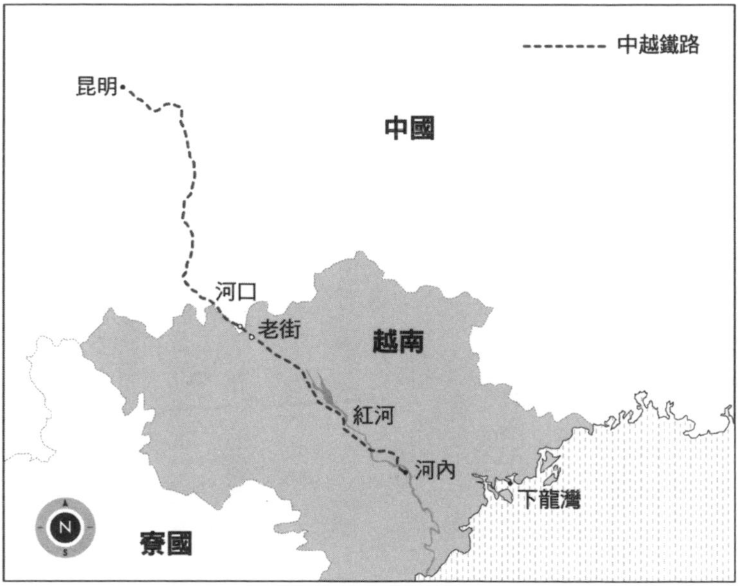

在一輛從老街返回河內的夜行火車中，我和同伴正準備就寢，不料突如其來的一陣敲門聲，驅走了我們的睡意。一位穿著筆挺制服的警察走了進來，嚷著「車票和護照」，我們立刻遞給了他。他拿過那兩本墨綠色的護照，似笑非笑地翻看著，從封面的「Republic of China」（中華民國）幾個字中，逮到一個他能辨識的字眼，「Oh, China. China.」一再重複。穿著白色制服的列車長站在這位帶著公權力的壯漢身後，彷彿事不關己一樣，始終靜默。

車廂擺動發出的框啷聲敲碎夜色，我們幾個人擠在這列火車最侷促的邊間裡，擦出沉默的怒火。原本就不太流通的空氣，因情勢緊繃更顯悶重——我幾乎快喘不過氣來。

然後，一張爬滿越文的文件遞到我們眼前，警察推了推它，示意我們在上頭簽名。我們不知道為何要在這份不明所以的文件上畫押，也無人可以解釋或翻譯，所以我堅決地把文件推回去，用力搖頭。警察收起了笑容，直瞪著我們。「Not China, we are from Taiwan.」我們大聲解釋，但警察似乎沒有聽懂，你來我往，最後鎖在巴別塔的僵局裡。

「我猜，我們應該是被當成中國偷渡客了。」我湊近朋友的耳邊說。

那是二〇〇二年的夏天，我考上人類所的暑假，從南越一路旅行到越南最北部的城鎮老街。這座城市乍看和越南其他城鎮沒什麼分別，同樣都有小販頂著大包小包的貨品趕著市集，等候在路邊的三輪車夫、摩托車夫、計程車司機，都爭著為你服務。唯一不同之處，或許是這兒一眼望去就能見到橫跨中越邊境的少數民族和中國商人點綴其間。

從這裡跨過紅河，就到了中國。坐落在紅河南岸上的老街，和雲南河口接壤，是中越兩國之間的交通要道，一九七九年中越戰爭時曾被中國軍隊占領，戰爭結束後，中國軍隊退出，它成為緊張對峙的荒涼前線，直到一九九三年兩國關係正常化後重開口岸，它才變得和昔日一般熙熙攘攘。

千百年來，中國和越南之間幾乎沒有清楚的國界，帝國勢力的南侵不僅抹滅了文化界線，連同邊界也一起變得模糊。直到中華人民共和國成立、越南獨立，各自擁有國家主權後，才真正開始勘定邊界，但兩國你爭我奪，甚至不惜以戰爭撕裂這段邊界，讓這長達一千三百五十公里的邊界線，簡直成了個等待縫合的傷口。千禧年的《中越陸地邊界條約》簽訂後，傷口終於彌合了，雙方就像平分蛋糕一樣，在爭議的二百二十七平方公里土地中，一百一十三平方公里歸越南，一百一十四方公里歸中國，維持表面公平。

界碑雖然確立了兩國的邊界，但老百姓仍然無視邊界般來來去去。因為生活是自己過的，與上頭的政治無關。雲南的傣族、彝族邊民跨過界碑，從越南運回蔬果等農作物；而頭戴圓笠的越南婦女，則推著滿載中國服裝和日用品的自行車往回走。來自中國的各項貨物，從這個越南最北的車站運往東南亞各國。車站熙熙攘攘的人們，提著或扛著的箱子上也寫著中文，提醒著我，這裡比鄰中國。

正因如此，中國人偷渡越南之事，時有所聞。老街前往河內的火車，正是中越邊境鐵路的重要一環，火車上的中國人也被特別檢查。

不過，我們有台灣護照、有簽證，也有車票，很明顯是觀光客，為什麼還會被當成中國人，甚至還被逼得要在一份文件上簽名？我不懂。只因為我們待在那位沉默列車長的廂房嗎？無法理解，於是更難接受。

在這個語言不通又各自堅持的封閉空間中，我的腦子也彷彿同時編寫著一套推理劇：在這個列車上，誰是造成這種局面的犯人？

多年來，我一直以為越南人即便不喜歡中國人，至少也不討厭。那套從「五千年文明」出發的歷史課本告訴我們，越南向來是「我國」的藩屬，臣服於歷代朝廷，受到中華文明的教化。但事實上，千年來，中國一直是他們最害怕、也最厭惡的鄰國，這種威脅感至今未退。

「你可能想不到的，中國其實是越南的陰影。」許多年後，我在台北遇見越南華人老羅，聽他掏著一袋子的故事。我好奇曾是「越南人」的他，如何看待「父親的國家」？他以近幾年的新聞表達越南人的心理：雖然中國的資金大量進入東南亞，包含越南在內的多項公共建設都由中國承攬，但越南政府仍持有戒心。交由日本負責的高速鐵路提案，因成本太高，政府財政無法負擔，被越南國會否決，即使官員清楚交由中國負責將可降低到三分之一成本，卻沒有人敢提議。只因心中都有顧忌，擔心打開大門就像迎接了一隻特洛伊木馬一般。

這種陰影也表現在街道的名字上。在旅行途中，我發現越南城市裡的許多路名都以民族英雄為名，例如胡志明市的二征夫人路便是紀念反抗中國入侵的一對姐妹，而十三世紀擊退蒙古人的陳興道與著名將領阮惠也都有屬於自己的「道路」；當然，越南的敵人不只中國，所以也有紀念抗法戰爭的南圻起義路。越南人的掙扎和反抗，濃縮在旅遊書所記述的越南歷史中，雖然這些歷史也散落在景點、建築、地圖和路名上，但隨意翻個幾頁又再次被提醒，不免讓人印象深刻。

坐落在河內市中心，被視為「城市之肺」的還劍湖，是當地人生活休閒的中心。清晨老人打拳，夜晚情侶散步，偶爾也有遊客來訪，悠閒的氣氛和這殺氣騰騰的名字極不相稱。這個名字源於十五世紀的黎朝，當時明朝出兵占領越南，將越南納入領土之內，越南反抗運動四起，其中一支起義隊伍由黎利發動帶領，在堅持長達十年的抗明運動後，明宣宗宣布罷兵，越南重獲獨立。據說，當時黎利向上蒼借了一把寶劍，在成功擊退明軍後，他便乘船來到湖心，將劍還給湖裡的神龜，這座湖便因此得名「還劍湖」。

還劍湖的「反抗和仇恨」不只這一筆，其間的玉山祠，還供奉著另一位反抗中國的英雄陳興道。這位十三世紀的陳朝重要將領曾兩次率領軍隊，成功擊退蒙古軍隊的入侵，因而被封為興道王。最終陳興道更被奉為神祇，傳說能救治婦人不孕和難產等症。

陳朝將軍陳興道抵抗蒙古以及黎朝太祖黎利抵抗明朝的故事，也發生在下龍灣，這是一個距離中國相當近、屬於喀斯特地形的島嶼群。我們趁著去老街前的空檔，搭車前往這個熱門景點。下龍是「降下神龍」的意思，傳說天帝曾經命令天上的神龍與其後代，前來阻止蒙古人來自海上的侵略。據說當神龍升天、揮動尾巴時，將此處原有的高山峻谷打落於大陸之中，而被掀動的海水便填滿了缺口。這個意外之作，獲得神龍的鍾愛，於是便決定長留下龍灣，也留下如此具有英雄情懷的傳說。此地的著名景點天宮洞中就有個神似龍型的鐘乳石，洞窟底上也開個大洞，傳說就是神龍升空的出口。

當我們在石灰岩窟繞來繞去時，一位越南導遊指著石壁上幾個模糊的漢字，對著我們這些觀光客解釋這裡其實是古戰場，曾經發生幾段可歌可泣的戰爭故事。例如，一二八八年，陳朝將軍陳興道為了阻擋蒙古大軍的攻擊，在下龍灣附近的白藤江埋下木樁陷阱，趁潮汐將退時，將蒙古軍引誘陷阱裡。果然，潮水一退，蒙古戰船便被木樁穿刺破壞，越南軍隊因此大勝；不到二百年的時間，明朝水師來犯，黎太祖黎利在此抵抗，擊退明兵。下龍灣的神秘及多變，讓此地成為困住北方強大中國軍隊的好地點。導遊所指的漢字，清晰可辨，好像是一樁不可否認的證據，對觀光客強化了中國強踏越南的認知。

「歷史上，我們一直被中國人欺負。」導遊以這句話收了尾。

其他西方旅客朝我們轉過頭來，這裡只有我跟同伴兩個東亞人。我們急忙搖頭解釋：「We are Taiwanese.」在這一路旅行的過程中，推拒「被當成中國人」的機會和可能，已像是我們的本能反應了。

「你們是台灣人？我曾經在鴻海工作。」來自新加坡的 Eric 在遊覽下龍灣的船上，和我們打了聲招呼後相談甚歡，便決定加入我們接下來到老街和沙巴的旅遊行程。當時我們還不知道，和 Eric 夫妻相遇，是此趟旅行最幸運的事。

返回河內後，我們前往旅行社登記購買前往老街的火車票，而所謂的車票只不過是一張手寫單據。當時的越南旅遊業發達而競爭，各種狀況都有，問題百出，我們這些觀光客也只好忍耐「發展中國家」種種無法預測的亂象，因此儘管對於手寫車票感到懷疑，除了接受也別無他法。

但回程票呢？旅行社工作人員說：「到了當地旅館，他們會給你們。」我們在河內買了整套健行行程，包含車票，但除了一張去程車票，什麼都沒有，所有一切都必須到了旅館再說。「導遊和回程車票，都在那裡等著。」

的確，當我們從老街上了山，到了旅館，導遊已經等候多時，在他引領下，我們完成了兩天的山岳健行。然而，當我們準備搭火車返回河內時，旅館工作人員將回程車票拿給了 Eric 夫婦，卻要我和同伴「再等等」。不都是手寫單據，為什麼需要等？我們和

Eric夫婦是一起訂行程，車票當然也是一起的，而且是一間車廂四個位子。究竟是什麼原因，我和同伴遲遲等不到「這張紙」？

火車一天只有一班，我們不停催促對方，並且強調他們得負起責任，直到最後一刻，旅館工作人員才把車票交給我們。我們連忙下山，趕上返回河內的預定班車。

當我們穿越幾個說著中文、拉住我們行李和衣角的擦鞋童，直往車廂鑽去，一直奔跑到列車盡頭時，我們的位子卻像掉落車尾一般，憑空消失。最後一個臥鋪的座號是二十四號，而我們手上卻捏著二十九和三十號的車票。愣了一陣，一個小販發現不對，拉著我們下車找列車長，列車長看了一眼，搖搖頭說：「這是假票。」隨即轉身要走開。我們像是被一個無形的拳擊沙包撞擊，幾乎快站不住。同伴朝列車長的背影大喊：「我們去報警。」

聽到這句話，列車長將身體再轉回來，收回他冷淡的面孔，焦急地將我們推上車說：「跟我來！」我們很快就被他推到他的廂房，從他零散的話語中，我們意識到，「這裡就是我們的車廂了」。

為什麼？如果我們拿的是假票，為什麼列車長有「安頓」我們的責任？他應該協助我們報警，而非將我們塞進他的廂房。或許這種案例多的是，或許不想惹麻煩，列車長的「慷慨」，讓我們更為疑惑、好奇和憤怒。

跟在我們後頭的 Eric 覺得不可思議，返回臥鋪詢問廂房裡那兩位「意外出現的室友」是否願意和我們換房間，但他們拒絕了。這兩位歐洲旅客到老街是搭小巴，耗費十三小時在極糟路況中顛簸已吃盡苦頭，不料還親眼見到另一台小巴發生車禍，早嚇得他們魂飛魄散，寧願以雙倍價錢買下火車票——原本屬於我們的車票。原來旅館工作人員以高價賣掉我們的車票，而這兩個被當凱子的老外就傻傻地接收了，接著旅館再偽造兩張假票，敷衍我們這兩個台灣小女生。

可是，為什麼票被換掉的是我們，因為我們來自一個小國嗎？還是因為我們是女生？不論是哪種原因，我們都位居弱勢。試想你我若想要欺詐得利，約莫都會挑選弱小者下手，這不過就是簡單的人性。

不知道鐵路警察接到誰的密報，進了列車長的廂房質問我們。此刻車廂外頭已趨於寂靜，乘客已沉入夢鄉，在走道上叫賣的小販以及擦鞋童或許早就下車，我們無法找到這些能說中文的孩童、商販，於是無人能翻譯我們的處境。我們就在這個陌生的語言中成了犯罪者，抗辯不能，只好瞪著彼此，對峙許久。

擔心我們的 Eric 這時敲門而入，他的出現剛好劃破僵局。他不斷向鐵路警察強調我們是一起旅行、一起買票的觀光客，是旅行社塞給我們假票。但不知是不懂英文還是裝糊塗，警察始終面無表情。在無計可施的情況下，Eric拿出他的新加坡護照，並指著假票後面印寫的旅行社電話，作勢拿出手機、撥打求證。警察突然「恍然大悟」：「你們從哪裡來的？喔，台灣。原來是觀光客，我以為你們是中國人。」趕緊拉門退出。

原本在警察身後走來走去的列車長，終於有了動作。或許擔心我們真的打電話告狀，他拿起本子，「再次」開了張新票給我們，並收回舊票。Eric擔心再發生問題，便叫我們去睡他的臥鋪，他們夫妻留在這間列車長室。當列車駛進河內車站時，天色還未亮，因為折騰一夜而疲累不堪的我們就像經歷短促的一場惡夢，儘管恍恍惚惚地走出車廂，仍不確定是否脫離夢境。列車長的呼喚聲，讓我們醒了過來，他要求我們將車票拿出來，讓他「再」檢查一次，安了心後，才揮手讓我們離開。

——

我不知道其他台灣人在越南旅行，會碰上什麼樣的狀況，是否只有我們遭遇這些懷疑和問題？但在二〇〇二年的越南旅遊途中，當地人得知我們是台灣人後，通常接下來到話題就是越南新娘和阿扁。「你從台灣來的？那，阿扁怎麼樣？」阿扁似乎是他們對台灣唯一的問題和答案。

這一年，美國總統布希訪問了中國，中國國家主席江澤民重申「和平統一，一國兩制」的兩岸政策，而陳水扁則在此時拋出了「一邊一國」的論述，台灣海峽氣氛頓時緊張，鄰近國家也感到威脅。

當我在河內的旅行社買車票，並詢問到中越邊境相關事宜時，工作人員對我補充：「出了老街車站，往北方走一小段路，就到了關卡，過了個橋，你人就在中國了。」他的手指同時在地圖上往前輕輕一推，越過邊界，簡單得像過條馬路。看著他的手勢，我興奮得跳了起來，躍躍欲試，然而他的下一句話潑了我一臉冷水：「但你不可以去！」

「為什麼？」我們的聲音被捲進吃力轉動的舊型風扇裡，只聽得到嘎嘎聲大響，他一邊用力搖頭，一邊大聲說：「因為，你是台灣人。」

「為什麼我們是台灣人就不能跨過邊界到中國去呢？」我疑惑不解。眼前這位皮膚黝黑的小個子從文件堆中把頭抬高，語氣嘲弄地說：「因為阿扁啊。」

實際上，阿扁只是一個方便解釋的標籤——一個越南人理解兩岸關係的標籤。我無法從越南踏進中國實際上和阿扁無關，純粹因為那時我還沒有台胞證——一般人進出中國國境只需要一本護照，但能通行全世界的台灣護照對中國海關來說是「無效證件」，因為護照代表一個國家國民的身分。「台灣不是一個國家，是中國的一部分。」然而弔詭的是，作為中國的一員，台灣人仍需要一份特殊證件以及簽證，才能踏進中國。兩岸各自往來所需的旅行證件和程序，已足夠說明兩國的「特殊關係」。這位將阿扁搬出來嘲弄的旅行社人員，或許也清楚這些問題，他認為是阿扁推開了兩岸的距離，加深了兩岸的特殊性。

關於國族和身分這件事，在當時的台灣島內爭得不可開交，對我來說總像是隔層紗，幽幽微微的，像是一個重要的議題，卻又不覺得如此急迫。直到跨越國界，我這個天真的島國國民，才清楚曉得「我是誰」這件事的意義不在於「我」，而在於我和他人之間關係的連結與不連結：我是台灣人，我的國家給予我的合法旅行證明可能讓我能夠跨進某個國境，或阻止我踏入某國國境。那便是我的國家之於另一個國家之間的差異界線，並讓我在旅行途中得以宣告「我是誰」。

我從未想像過，我的國家給我的護照，竟無法讓我證明我自己。國家是什麼？國家能否獨立存在？我開始思索。結束這次旅行後，我開始了人類所的學業，這個經驗也跟著我進了人類學領域，我才發現關於國界、族群邊界還有身分，是多麼大的一個課題，而這不是僅屬於我和我的同胞的試題，對許多國家族群的人來說，也是他們的作業。

許多疑惑，或許永遠沒有解決之道，但是，和國族政治相比，改變形式化的證件自然比較容易。在這一年，我的國家終於在墨綠色護照上加註「台灣」字樣，我從越南回來後不久，換上了這本新護照。這本護照仍無法讓我踏入中國國境，也未必能讓我在列車上保護自己不被誤解，不過好歹能讓我指著那燙金的英文字大聲回覆警察：「Taiwan，Not China。」

柬埔寨

沒落的古國

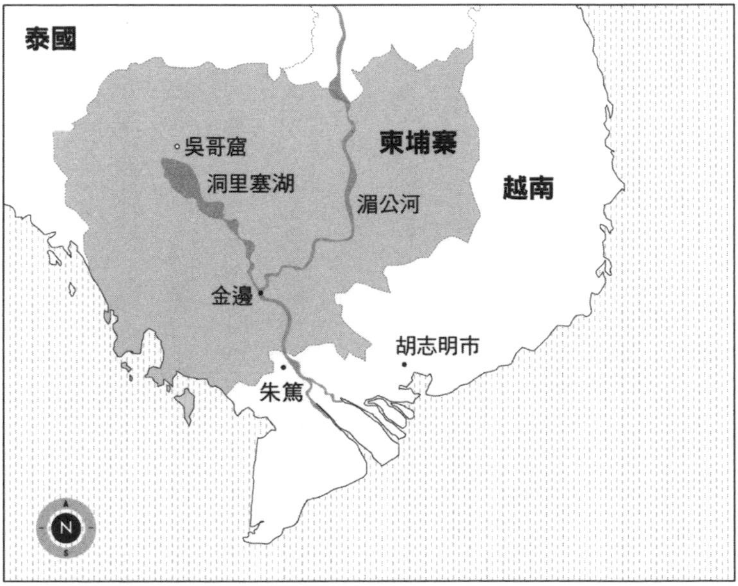
泰國
吳哥窟
洞里塞湖
柬埔寨
湄公河
越南
金邊
胡志明市
朱篤
N

二〇〇二年夏天，我離開了職場，在準備開展另一段求學生涯的空檔中計畫一趟旅行：從柬埔寨的吳哥窟順著湄公河南下越南，再從越南境內往北抵達中越邊界。這是我第一次在發展中國家自助旅行，雖然走的是觀光路線，但既然是首次造訪，便不忍匆匆走過，那像是不客氣攫取了陌生女子的青春，卻未聽她細語般可惜。於是，我的前半段旅程幾乎都順著水路慢行。

我和同伴預定從首都金邊進入柬埔寨，再搭船訪吳哥。當飛機逼近落地前，只見地面盡是紅褐泥色，少見綠意，更不見高樓。如此土樸的初相見，正是意料之中。機場內處處擠滿了人，每個人手上都捏著以英文和柬埔寨文寫就的落地簽申請單，茫然四望。幾位年歲稍長的旅客，推著鼻樑上的老花眼鏡，吃力看著貼在圓柱上的翻譯，大部分旅客或等著他人幫忙，或找人協助。據說，柬埔寨海關會趁機索討小費，我們便親眼看到幾個遊客塞了幾塊美金，好順利完成手續。

我和同伴決定自行填寫落地簽申請單，不留一絲空間給海關索賄，同時熱心地幫了幾位旅客。簽證辦理人員就站在我們不遠，直望著我們到處幫人填單，沒有多說什麼，當我們把申請單遞給他時，他突然說出：「你好。」而後以華語和我們交談，當然也沒有向我們索取小費。

這串華語嚇傻了我們，原來我們剛剛針對柬埔寨海關收賄的私語，他都聽得懂。但當時我們並不知道，接下來我們會時常遇到能說華語的「柬埔寨人」。

走出機場，我們坐上載客的摩托車。這類短程載送的摩托車在東南亞很常見，他們不計程，依默契開價，送我們到金邊的距離不到二十分鐘車程，叫價兩塊美金，聽起來不算貴。

不知路程長短，也不知價格是否合理的我們跨坐上摩托車，一路往金邊方向前進。陽光灑在身上，晨風吹得舒服，椰子樹在路旁迎接，田野綠得亮眼，旅行的新鮮和興奮正高昂，柏油路也筆直寬闊得讓人渾身清爽。

直到車子進入金邊市區，這才知道要走在一條柏油路上有多麼不容易。摩托車在柏油路上轉個彎進入泥土築成的巷弄小道，熱帶隨時發生的驟雨，打得路面坑坑洞洞都是泥濘，摩托車行過便濺起一瓢濕土，我們很快就產生進入「第三世界國家」的真實感。

金邊的背包客棧就藏身在這樣的小巷子內，或許是因為時常有外國旅客入住，客棧外的路面便多鋪上些碎石子，顯得清朗整齊些。客棧樣式簡單如平常民房，只是大門敞開，而公共空間除了幾樣雜物，一片空盪；房間不大，只有床和風扇，牆壁灰白，公用衛浴就在走廊另一邊。房間價錢只要四塊美金，正合我這貧窮學生背包客的意。

省了幾塊美金的住宿費卻省不下啤酒錢。柬埔寨的夏天真不是蓋的，屋裡風扇攪動的空氣也是熱的，只好掏出荷包投降。一放下背包，我們就往一樓餐廳奔去，要了瓶冰可樂。一個微胖、穿著隨性的當地人正在戶外喝著啤酒，一派輕鬆，聽到我們聊天的聲音，將臉轉過來朝我們打聲招呼：「你們從哪裡來？」原來他是這家客棧的老闆。「台灣？嗯，我去觀光過兩次。」他曾從台北搭車到高雄，還到佛光山朝拜。「觀光」對這國家的人來說，有多奢侈是我不敢想像的，於是，和我看到使用 Nokia 新型手機的海關人員時的反應一樣，忍不住低聲對同伴說：「他也是有錢人。」

但此刻，我是拿偏見評價他們。事實上，才來到柬埔寨不到半天的我，什麼都不知道，連兩塊美金的車資是昂貴或合理，都在認知系統外。後來，我們才從一位華人摩托車司機口中知道，以當時的行情來說，我們被收了雙倍價錢，是不折不扣的凱子。這位司機誠實相告：「如果不在當地待久一點，不懂行情，很容易被當成冤大頭。」

喝完冷飲，我和同伴又坐上摩托車往中央市場去，司機正是那位告訴我們「正確車資」的華人。我們一邊在市場內覓食，一邊談及在半天內遇到兩位能說華語的當地人的奇遇，這時，眼前這位麵攤少婦，竟也透過華語回應我們點餐，這已經不是巧合了；接下來我發現，連書店店員也能說華語，還有許多戶人家的外頭貼著中國春聯，中文字也不難見到。「中國人勢力真大。」我只在心裡叨唸著，並未探尋這些講華語的當地人背後的故事。

多年後，我才明白柬埔寨和中國的歷史淵源，才知道柬埔寨住著許多華人移民。當地人會說華語，正是彼此交流的結果。在日本留學的張少芳，便是柬埔寨第三代華人，她的祖父在國共內戰時從潮州逃到柬埔寨，而後定居下來。當我們在日本相遇時，她忍不住向我學了幾句台語——因為台語連續劇在柬埔寨很熱門，她的家人都收看。潮州話是閩南語的一個分支，台語也是，在語言的系譜上，他們難免會對台語產生親切感。她說柬埔寨華人都有學華語，因為柬埔寨華人很多。一位柬埔寨女婿也對我抱怨，這個國家的華人實在太多，多到全國都和中國在傳統節日同步放假。

二〇一〇年我在某場會議上，認識了柬埔寨記者龍漢（Longheng），他對台海兩岸問題相當清楚，同時不免也抱怨：「柬埔寨的商業多由包含台灣人在內的華人經營，基礎建設和交通硬體都是中國援助、中國人蓋的。柬埔寨，到處都是中國人了。」當他從齒縫裡吐出這句話時，坐在隔壁的東帝汶記者 Ote 拼命點頭說：「我們國家也是。」

——

柬埔寨最有名的中國人，就是元朝使節周達觀。他或許不是吳哥城天字第一號觀光客，但卻是第一個留下遊記的旅人，而他所寫的《真臘風土記》，據說也是元代之後中國人移民「真臘」最重要的線索和參考。

我這個排名不知第幾千萬號觀光客，趕著清早，來到吳哥城大門口買票。售票人員看了看我的護照，吐了句華語：「你好。」我們驚喜地望著他說：「你好。」才正好奇他為何說華語時，他就丟出第二句話來：「周達觀。」而後留下一個微笑，轉身為我們處理票務。我和同伴這才恍然大悟，相互指著對方背包裡的《真臘風土記》大笑。

「周達觀」這個名字在柬埔寨，比在中國有名。如果不是周達觀記錄了吳哥，也就沒有人可以保留被戰火燒盡的舊日輝煌；若不是這本書留下這個王朝珍貴的吉光片羽，也就沒有西方探險家來撬開這道被歷史反扣的大門。柬埔寨人或許相當感激這位元朝使節。

周達觀從寧波出發，從溫州搭船順著東北季風到達占城，再逆水到達吳哥。和我們這些觀光客走的路線有些類似——由首都金邊沿著大河（Tonle Sap River）搭船逆流，北進洞理薩湖，往西北的暹粒而行。

這是我第一次在大河搭船，只見黃土岸上的草房、樹叢、田地和稀稀落落的房舍，在我的興奮中慢慢變小，最後只剩下天和水無縫連結，我的視野彷彿失去方位象限，攤平成泛黃畫紙般的二維世界，只有馬達聲濺起的水花能激起僅有的真實感。

原本想和西方遊客在船頭上享受海一般的湖光，但七月日頭兇，猛地將我擊退。我像被捕抓的湖魚般冰縮在船艙內，睡去了三個小時終於到岸。

船還沒靠岸，湖上人家的生活律動已將我晃醒：高腳屋孤立在湖水間，屋前平台上有著抽菸的男人和洗菜的婦人，孩子們跳下水對船上的我們大笑高呼揮著手，小販在舟上叫賣著菜，連警察局都架築在波瀾間，一身英挺的警員站立在竹台上盯著我們，影子搖搖晃晃。我想像著一輩子離不開這片湖的人生，猜想觀光客的到來，或許是他們一天之中最佳的娛樂。

暹粒到了。這個掛著法國林蔭風情的小鎮，藏不住南國的古樸氣質，安靜的面容足夠讓旅行者安穩睡一覺，好讓我們迎著晨光中朝古城的笑容走去。

城內巴陽寺（Bayon）將賈亞瓦曼七世（Jayavarma Ⅶ）的頭像頂上天，陽光射在他謎樣的微笑上，讓人不禁瞇起了眼，瞻望著巨石化成的宏偉。五十歲才登基的他，像是要和時間賽跑一般，左打占婆，右衝建設，創下吳哥王朝的巔峰，現在大多吳哥建築遺跡都是他闢下的；而後，這個龐大的文明古國慢慢退到歷史舞台後頭，藏了起來。我們自以為站在這裡便能進入時光隧道，為了和自己無關的他人傷感。

周達觀或許和我看著同樣的風景，但並沒有旅人的感傷。他是造訪「真臘」的使節，他的責任就是讓南方國家稱臣進貢，同時教化這個「化外之地」，讓他們歸於文明天威之下。周達觀到吳哥的時間，距離打造吳哥盛世的銀髮皇帝賈亞瓦曼七世去世已有半個世紀之差，當時泰柬邊界戰火蔓延，真臘已經不復過往強盛，但在周達觀的筆下仍然富庶無比。

挾著帝國天威，周達觀等人帶著文明的眼睛，採查真臘的風土民情以及國家政治經濟。他像記帳一般記錄了高棉種種珍奇異物，從地理風俗到花草走獸，從建築農耕到服飾語言，這八千五百字的「筆記」，彷彿是本遊記，又像人類學家的田野筆記，甚至有博物誌的規模。

「山多異木，無木處乃犀象屯聚養育之地。珍禽異獸不計其數……。」他同時記錄著哪些中國有，其餘中國無：「禽有孔雀、翡翠鸚哥乃中國所無」、「獸有犀象、野牛、山馬乃中國所無者」、「不識名之菜甚多，水中之菜亦多種」、「有不識名之魚亦甚多，此皆淡水洋中所來者」等等。

當時間跨到七百多年後的今天，大眾媒體和旅遊獵奇沖淡人類的感知後，我們不再為不認識的花花草草驚訝，也透過書籍螢幕熟悉那些素昧平生的飛鳥走獸，於是周達觀細細留下的文字，也就不會再重現於我們這一代旅人的筆記裡。

旅人如複製明信片一般，以相似角度拍攝這個世界遺產，上傳到網路，以千篇一律的語彙和形容詞表達了它。但過去的那些故事，只能任人想像，無人可以重述。

在各種遊記，少不了吳哥寺（Angkor Wat）的宏偉影像，吳哥窟以此為代表。而周達觀是如此描述那令我望之生畏、爬到腿軟的吳哥宮室的：「國宮在金塔、金橋之北，近門，周圍可五六里。其正室之瓦以鉛為之，餘皆土瓦。……屋頭壯觀，修廊複道，突兀參差，稍有規模……。」

不過，單是描述建築，相當無趣，周達觀不知是否加油添醋，竟在其後描摩了一段精彩故事：國王每天晚上都要睡在宮室上頭的金塔，人們說那裡面有九頭蛇精，這個國家真正的主人，且是女身。每天晚上國王都要到這宮殿和她纏綿，此時，就算是國王妻子也不能進入；而後，國王才能和妻妾同睡。如果有一晚沒去面會這個蛇精，那麼國王的死期就到了；如果一個晚上沒到這個宮殿，就會災禍上身。

這九蛇精就是印度教建築中常見的「Naga」，柬埔寨人相信這條蛇是有靈性的生物，能帶來善和惡，福和禍。而在這些輝煌的石楝寺殿中，到處都是萬千神佛，是眾神居所，也是生前和死後重疊的世界。國王，就在其間。

當然，庶民是不可能親近王族的，他們只能在口耳相傳的八卦中，敬畏著君王、神祇和不可知的命運。而周達觀就這樣記下了民間的竊竊私語。

周達觀停留十一個月後離開。一百年後，吳哥王朝終被泰國擊潰，拋棄都城南遷，周達觀記錄下的京城也被叢林淹沒，只留下他的文字在世間傳遞，證明傳奇存在而真實。

一八一九年，周達觀所著的《真臘風土記》被譯成法文以及諸多語言，撩動西方好奇，尋尋覓覓找路，渴望敲下這被叢林埋藏的神秘門磚。在吳哥相關調查報導陸續出版後，探險家亨利．穆奧（Henri Mahout）才在一八六一年發現了它，經過大肆宣揚，吳哥王朝終於從叢林中顯身。「此地廟宇之宏偉，遠勝古希臘、羅馬遺留給我們的一切，走出森森吳哥廟宇，重返人間，剎那間猶如從燦爛的文明墮入蠻荒」是穆奧對吳哥的驚嘆。

我們搭著船順著湄公河往越南南部走，恰與周達觀走同個水路離開柬埔寨，不同於這位元朝使節的是，我們在越南暫時打住了旅程。

儘管從地圖上看，越南和柬埔寨這兩國相依，只是一條國界的距離，但我們搭乘的快艇在湄公河面上「躍跳」了兩個小時，在豔陽曝曬和水花濺淋的折騰下，才真正到了柬埔寨的河上關防，比搭車還顛簸難受。

當不停吼叫的馬達閉了嘴，快艇往湄公河岸邊靠上後，我們順著略陡的河岸爬到一個小亭子前——這就是柬埔寨口岸 Kaam Samno，柬埔寨海關人員在我們的護照上蓋了章。再走幾步，穿過一個鐵絲網，就跨越了邊界。船夫引領著我們走一小段路，朝一個三合院內比了比，示意我們在這裡辦理入境手續。

這裡是永昌（Vinh Xuong），越南的湄公河口岸。

沒有軍警也沒有 X 光掃描，只有一條慵懶的大狗，趴在「海關」前。

我們進出不同房間，填表、檢驗證照、行李，申報海關，最後，身著制服的越南海關人員拿著我的護照，檢視一下簽證，查閱一下資料，看了我一眼，一言不發，揮揮手，我便「進了越南」。

我們在進出這個七月正午太陽烘烤的三合院之際，就完成了「過境」，整個程序像是沙漠幻影般，讓人有些恍惚。但沒有任何人會想在那條「邊界」上耗費過多的時間心力，只想快快跨越，彷彿不走，便會封進另一個時空象限。因此，即使海關小屋涼爽愜意，我們還是連忙離開。

事後想想，總讓我有些失落與疑惑。

台灣是個島國，「出入境」的場域時常在機場進行，「出國」也常需要靠飛機完成。搭乘飛機，是一種點對點的跳躍感，時間雖然流逝，但窗外的風景像是凍結一般，移動的感覺也就凝結在機艙之中；而後，下飛機、過海關、拿行李等等一整套費時費勁的程序，才是完整的出國回國的經驗，相較於此，陸路或水路的「跨國」體驗，總讓人感到新鮮又有趣。

這不是我第一次以水路跨越邊界。我去越南前一年，才由英國搭船到荷蘭，在北海上，莫名地便過了境，至今我仍無法記起自己究竟經過何種程序進了荷蘭，但我清楚記得在西歐各國以陸路過境時，總會有人上車檢查護照，「China 中國（中國 China）。」他們總會這麼嘟囔。

相對於歐洲國家海關的「嘟噥」，越南海關過於沉默，讓我鬆一口氣之餘，也有點不習慣的無聊感。我原以為，沒有多少台灣人如我們一般選擇水路，所以這裡的海關會先大驚小怪一番。

步行到旁邊的小茶亭等候船隻時，那裡已經有人了，就像那些願意浪擲數個月時間壯遊的年輕人一般，眼前兩位來自比利時的情侶，已經在中國旅行兩個月，順著湄公河南下越南，預計將在印度結束長達半年的旅行。染著長途旅行的風塵，他們掛著明顯倦容，「湄公河很了不起。」看著眼前寬闊大河，這對旅人忍不住讚嘆。

船來了，我們站起來，向這對旅人道別，上船往朱篤（Chau Dou）前進，從這裡到朱篤兩個小時航程所經的土地，就是我們足下那個波動著的大河所沖刷出來的近五萬平方公里的三角洲，就是中南半島最知名的穀倉。這裡，早在公元三、四千年前，便是柬族之地，至今，仍有大量柬族居住在此。

當十七世紀法國人在此繪製地圖時，這塊土地雖歸柬埔寨所有，管轄權卻在越南手上——當時的柬埔寨受挾於泰國和越南，擁有領土卻沒有統治權。曾經霸據中南半島的壯闊帝國崩毀不再，失去它拓張的土地，但湄公河還是沉默地推著紅土，刷出能孕育生命的大地，如同河岸的農人低頭犁著田，植下日復一日的歲月。不論國界如何隨著國家勢力游移，領土跟著擴大或縮小，這塊土地上的居民，儘管命運擺動，但生活如昔。

——

越戰結束後，赤柬一度想奪回這塊富庶的土地，中南半島的戰火因而無法平息。柬埔寨共產黨通稱赤柬（紅色高棉），一九七六年在中國共產黨的支持下，奪下柬埔寨統治權，但這也成為柬埔寨近代史上最恐怖的一頁。從一九七五年到一九七九年這三年多的時間內，約有全國人口五分之一「非正常死亡」，這無可估計的百萬人犧牲於饑荒、疾病、勞改、迫遷、屠殺等原因中，最後只留給觀光客一個骷髏塚（萬人塚）來證明赤柬的殘暴。

在柬埔寨時，我曾一度猶豫是否該到這麼恐怖的景點「觀光」，但最後還是來到金邊的波布罪惡館（Tuol Sleng Museum，S-21 監獄）——這個赤柬頭子波布「清理」思想犯和知識分子的監獄刑場——體驗這段黑暗歷史。

我們得先小心翼翼走過一條充滿污水、穢物和泥濘的小路，才能到達這個黑色景點的門口，一路揣著莫名恐懼，卻愕然發覺這個世界知名的瘋狂屠殺點，不過就是個藏身在金邊的巷道內的平凡簡陋小學校，恐怕最好的導演都設計不出這麼荒謬的反差。

不過，我這也才發現，正是在這麼不起眼的場域中，進行最殘忍的暴行，才能讓恐懼更深刻——教室外有鐵絲網圈掛著，室內簡單展示畫像、刑具，如此簡單就足以讓我們雙腳發抖，心裡發寒。

或許我們想像過頭了，不知今日柬埔寨人民怎麼看待過往那段黑色歲月？在吳哥時，我和同伴在麵攤遇到了幾個當地人時，便想探問她們的感受。

那是簡單木柱搭成的餐廳，幾個小攤擠在這長形空間中做生意，當時已經過了用餐時間，整個餐廳都沒客人，我邊啜飲著可樂，邊翻看以圖片在書市取勝的旅遊書。一個年輕女孩被這本書吸引，害羞地請我借她看，而後認真地看著書裡的「柬埔寨」，其他工作人員都湊了上來，對著每一頁照片驚嘆，彷彿從來不認識自己的國家一般。在某一頁，她們停下來，像是訓練得當的合唱團，先一起倒抽一口空氣，而後齊聲大叫。我也湊過去看到底哪一張照片讓他們如此驚訝？原來是金邊的波布罪惡館，書上編排著幾張貼在館內的駭人照片。

「你們從未看過嗎？」我好奇詢問，她們都搖了頭，「我們沒到過金邊，我們從來沒離開過這裡。」這些年長的女孩沒離開家，沒離開這個鄉村，甚至沒有離開過這家餐廳，除非她們嫁到國外或者去別的國家賣勞力，否則她們一輩子就在這裡，她們的國家只有在自己的眼前和腳下。

她們又細細碎碎討論了起來，我忍不住又問：「你們認識波布嗎？」她們回答：「知道，他是很可怕的人。」我們彼此的語言能力都貧乏到無法深入討論這個話題，因此我不懂她們的「知道」（Know）是聽過，或是親身經歷。如果是後者，我恐怕也難以索求更多的故事。

然而，在這個國家，有些故事是不用明說，只須見到便可明瞭。例如那些缺腿斷腳少個眼睛的大人小孩，出現在我們面前時，就可判斷那又是一顆地雷炸開的結果。在這國境內，不論往哪兒走，都可看到一組失去雙腳以膝蓋站立的樂隊在路上表演，或是拄著枴杖的孩子對你笑，還有那些缺腿缺胳膊仍賣力清掃吳哥古城路面的勞工。他們數量如此多，多到彷彿是此地的尋常風景，讓我們這些過客都麻木。

至今深埋在這片土地裡的地雷，或許比我們看到的那些殘疾人士還多，根據統計，平均每個柬埔寨人可以分到一顆地雷，所以直至現在都拆不完。我們看不到，也不知道何時有人用身體找到它，讓它炸碎又一個生命。

這些地雷是赤柬留下的。在赤柬獲得權力前，暹粒是他們的基地。他們棲居在吳哥古蹟裡，拿 AK-47 射殺長臂猿訓練，並睡在石頭上以激勵自己的鬥志。他們將吳哥周圍一百五十六平方公里的區域視為解放區，還將一個防空基地設在吳哥遺址上，利用這個古蹟當盾牌阻擋對手——美國和柬埔寨施亞努政權——的轟炸。

赤柬和親越共施亞努政權是死對頭。越戰時期，美國除了為防堵越共而轟炸柬埔寨，讓七十五萬柬埔寨人在戰火中犧牲外，也在驅逐施亞努另立新政權時，挑起了柬埔寨內戰。後來，施亞努逃到了北京，而赤柬則在中共協助下，接手了統治權。

為了奪回湄公河三角洲的土地，赤柬在越戰落幕後，侵略越南，攻打越共。一九七九年，越南「解放」柬埔寨，並將赤柬趕到邊界叢林，流竄到泰國邊界的赤柬軍便沿路留下地雷，故事最後以埋在地底的一千萬顆地雷當結局。而越南和柬埔寨兩國的關係，也像是在國界上埋著地雷，隨時炸開人民的埋怨和仇恨。

戰地記者張翠容在《行過烽火大地》中提到，柬埔寨有八成以上的農民，他們對土地特別敏感，提到越南人會流露出無限的恨意，甚至使用具有貶意的名稱 yueon 來稱呼他們。

一位在火車上遇見的越南商人則對我們談過同一場戰爭：「我在戰場上昏迷過去，醒過來時，整個身體都被屍體蓋住，手臂上擱置一個斷裂的手臂，而脖子旁是個不成形的大腿，我的同伴和敵人都死在身旁，我感到難過又害怕，而後我又繼續在屍體堆裡睡去，假裝自己是一副屍體，不用再面對戰爭。」越南商人下了結論：「我討厭柬埔寨人。」

——

不過對於離開戰爭的當代柬埔寨人來說，日子又是如何的呢？除了一些一定要和小販殺價，還有注意纏人的司機和小孩的資訊外，旅遊書裡不會告訴你，觀光旅遊和你的消費，如何影響這個向世界打開大門的國家？

有一回，沙土路的那頭，迎面而來一輛綠色的摩托車，我湧出莫名熟悉感，待摩托車近到我的眼前，仔細一看，原來柬埔寨郵差所騎的這輛車，車體上就印著「中華郵政」。無獨有偶，再多走一會兒路，小孩在眼前跑來跑去，身上的體育服繡著「溪口國小」四個中文字——這是我兒時短暫讀過半年的城市小學。

曾經貧窮的台灣，富裕起來後，「貧窮柬埔寨」便成為台灣人展現愛心的領域。台灣的社福組織多來此駐註點、服務，也時常有台灣人募集衣服物資來柬埔寨捐助。經商和愛心，幾乎是台灣人和第三世界連結的方法，走遍全球看到台灣，多不出這兩樣。

當我看到郵車和小學制服時，不免以為，「美國麵粉內褲」竟在這個時空重現。那是我母親成長的年代，是台灣小孩總赤腳奔跑在沙石路的時期，而韓戰的發生，為這個貧窮的社會帶進來美援和美軍，改變人們的生活條件，也給了很多人不同的夢想——當時美國援助的物資可以製作成各種產品，麵粉袋甚至能縫成孩童屁股上的內褲，他們一邊吃著麵包，一邊想像美國人過著什麼都有的生活，嘴裡也跟著吐幾句 ABC、How are you。就像黃春明《蘋果的滋味》中的一家人，紅豔鮮美的蘋果將他們都驚傻了。

想要吃飽，想要車子，想要好生活，想要不一樣，是每個發展中國家人民共有的盼望，我們的 tuk-tuk 車伕 Lin，就有著「蘋果夢」。

戴著漁夫帽的 Lin，總是安靜地站在車頭前，等候著我們逛完一個又一個景點。他不懂我們的華語，而寺廟古蹟裡的一切也和他無關，他盡責地踩著腳踏板為我們帶路，但除了景點地名外，他說不出一句介紹。倒是埋藏在吳哥四處的少年小孩，會纏著你，為你介紹那裡的歷史古蹟和一草一木，他們以堪稱流利的英文，希望從你身上賺得一家子的生活所需。

我們包 Lin 的車到五點為止，好讓他去學英文。他的英文能力尚可，和我們溝通無虞，但為了搶得更多工作、掙得更多錢，他督促自己精進英文。補習費一個月就十塊錢美金，剛好是我們包車一天的價錢，當然，他必須夠幸運攬得到生意，才有這筆收入。

我們總在車後盯著他那扛起家計的厚實肩膀，盯久了，也對他的故事產生好奇，於是開口要求到他家拜訪。他笑了一笑，將我們帶到一間簡陋泥土糊上的平房。

他的妻子站在門口，有點訝異，但隨即轉成笑容，請我們喝茶。平時臉上不帶表情的Lin，終於綻開笑容，我這才發覺他補過牙，當我指著那顆牙詢問價錢時，他卻搶著拿出一張照片介紹一雙兒女——為了脫離這個泥土屋以及貧窮的生活，他咬著牙送孩子讀私校。

這是一筆龐大的開支，我懷疑他是否真付得起？畢竟他還要養家、繳錢給車行，每天都還要上英文課。

「我希望孩子們將來可以到國外去發展，不要回來了。」每天靠著勞力賺美金，每天看著不同膚色語言的外國觀光客，Lin也想要出國看看、想到台灣旅行，但他卻連金邊都沒去過，只好繼續想像著世界如何廣闊，外頭生活或許更好。他或許一生都離不開暹粒，但他希望孩子走出這個國界，成為不同身分的人——那些有權力改變他的國家、消費他們的勞力的人。殖民者走了，但物質、金錢和文明的魔力，並沒有真的離開這些國家，我們都同樣處在蘋果的遺緒裡。

寮國

湄公河的故事

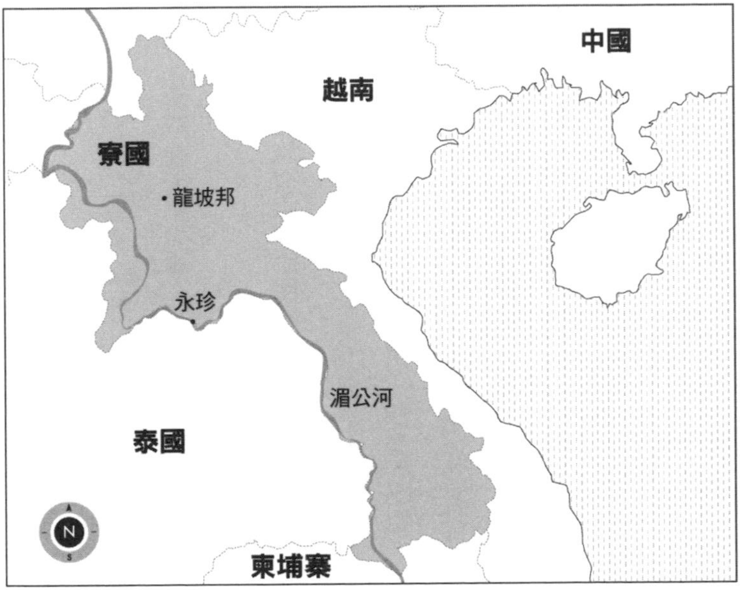

我從未想像過，有一天能騎在大象身上，還為牠洗澡——嚴格來說，是牠讓我洗了澡。直到我和這個地球上最大的動物一起泡進南康河裡，沁骨冰涼告訴我，這一刻並非夢幻。

二〇一一年冬天，我來寮國旅行，並在龍坡邦（Luang Prabang）預定了這個學習馴象的行程。小麵包車將我們幾位旅客帶來這個南康河畔的大象營，營區人員為我們介紹亞洲象的特色，教我們幾句命令語，我們的馴象課程從和大象一起散步開始。

「我的」大象叫 Bonson，這頭曾踏過戰火的亞洲象，巨齒很早以前就被人偷拔去賣了，或許少了雄性象徵，或許年邁，這位六十五歲的老先生不像其他同伴一般躁進，牠沉默和穩健的步伐讓第一次和大象相處的我，十分安心。Bonson 早已熟練所有一切，不待我說，牠便自動完成所有路程和動作，甚至還細心為我撥開樹枝，以防我撞上。牠在教導我，牠們是如何聰明，而我只需要對待寵物一般，盡情餵食即可。我心疼脖子掛上鐵鍊 Bonson 被人類奴役，跟隨巨象腳側的象夫則揮舞著樹枝，一臉不以為然：「他們才不可憐，他們生活得可好。」他說湄公河上游邊界森林裡的大象才命苦，馱著笨重的木材工作個不停。

昔日寮國是個「萬象之國」，但現在全境只剩千餘隻，除了邊境森林的工作象外，大部分象群都供觀光之用。

這個大象營倚著南康河，總共養著十餘頭象。南康河是湄公河支流，順著南康河上行，甚至是湄公河上游，都有許多類似的象群村落散落其間。觀光客付錢體驗騎象和其他戶外活動，而村民依靠這些觀光收入維生。大象和村民共生，是以生態旅遊為宗旨的寮國，開展出來的「社會企業責任」模式。

在世界發展競賽中，不論資源開發或觀光，寮國在每個項目都起步緩慢。當文明的競逐為每個國家丟下大大小小的垃圾後，人類只能在那些還未被破壞的國家找到反省後的救贖。這些國家驚嘆寮國的原始美麗，於是協助這個落後的國家建立最進步的旅行觀念——這裡禁止太過消耗能源、破壞環境的旅行，旅行社開出的觀光項目多半是登山、健行或減少污染的戶外活動。甚至，這裡的導遊多半由村民自行擔任，收入營利也由全村共享。這裡的生活平和安詳又緩慢，簡直像個美麗的烏托邦。

難怪吳哥窟的發現者亨利穆奧安眠於這個村落。這個探險家在發現吳哥窟後隔年，順著湄公河往中國而上，路經寮國時，驚豔這裡的美，不料途中染上瘧疾，最後以三十六歲之齡，病逝在這條河畔。每天，象群從休息的叢林走出，都會走經過他的墓，而象夫（Mahout）悠然悠然地騎在大象的背上，清晨薄霧未開，人象在墓園前的樹林裡，映成一幅寧靜的水墨畫。

—

然而，外部的經濟勢力正洶洶而來，讓這幅寧靜的水墨畫面臨著改變。象夫們提醒著我這個國家已經面臨的變化。「大象的華語怎麼說？」我的象夫接連丟幾個字詞問我，他才二十歲，當象夫不過兩年，收入不多，每個月只賺一百塊美金，總想著怎麼樣才能掙多點錢：「中國人越來越多，我要學華語，以後可以和他們做生意。」另一個象夫忍不住回嘴到：「是啊，中國人太多了，寮國都快變中國城了。」

似乎真的是如此。

在寮國北部的大城龍坡邦騎單車晃一圈，很容易見到樹立著漢字招牌的民宿、企業或小工廠。事實上，打我從走出永珍國際機場下飛機開始，便能看到各種醒目的中文廣告，和旅客們打招呼。這些我再熟悉不過的文字，總會現身在我每一次東南亞旅行中，如影隨形，不知究竟是我追逐它，還是它跟隨著我。

中國人和他們的經濟勢力就像是龐大的影子一般，整個東南亞都無法擺脫，於是我在旅行途中時常不經意就捕捉到。離開大象營後，我立刻搭車返回寮國的首都永珍。傍晚，當我推開湄公河畔一家餃子館的大門時，竟迎面傳來我熟悉的聲音——幾個中國商人正大談開發寮國的事情。

「光南烏江就有一百五十個水電站。」中國人特有的大嗓門在異邦更無所忌憚，旁若無人般，直說現在貫穿寮國的光纖電纜他們是搶晚了，非瞄準寮國的水利資源不可，「泰國河川平緩，沒有水力，哪像這裡呢？我告訴你，湄公河真開發起來，那真像階梯一樣。」

這些人邊喝著酒，邊嚷著這個國家多的是工程可做。我聽來心驚，腦海中卻響起了一個寮國朋友的聲音：「我們很感激外國人，真的，因為你們，貧窮的鄉下孩子才有衣服可以穿，我們才有各種建設。」

永珍充滿了來自各國援助的建設計畫——尤其是來自中國，因此，從今日的角度看永珍，你很難找到屬於「寮國」的歷史氣息。和其他城市比起來，作為法國殖民時期行政區域的這個城市，帶了點混血的情調——既沒有越南河內法國味重，也沒有緬甸仰光的小乘佛教風情。

永珍位於湄公河中游，是全球少數設於國界附近的首都之一，跨過湄公河上的友誼大橋便可到達泰國。它原名「萬象」，在公元前四世紀時，僅僅是個小公國，越南、暹邏和緬甸人都曾接管永珍。當寮國的古王朝瀾滄王國為躲避緬甸侵略遷都來此後，永珍才在歷史上散發光芒。然而，隨著瀾滄王朝的分裂，永珍再次輪流陷入鄰國之手，十八世紀，暹邏入侵寮國，永珍成為暹邏的附庸，甚至還被夷為平地。

古稱暹邏的泰國，是寮國歷史上最大的敵人，其威脅至今未退。泰寮兩國以湄公河為界，約有九百七十六公里長，兩國緊密相依，語言也相通，一般外國人根本分不清楚這同屬一個文化圈的兩個國家究竟有何差別？每當寮國人想和我攀談時，總在比手畫腳一番後冒出一句：「你會說泰文嗎？」這裡也是泰國人度假的後花園，到處都能見到泰國觀光客，而我在照相館買的即可拍，甚至以泰銖標價。

沒有工業基礎的寮國，民生物資多從泰國進口，連他們休閒時看的電視，都只能選擇泰國節目——寮國政府對媒體管制嚴格，不但只開放一個電視頻道，也只能播些無趣的國內新聞。談起泰國，寮國人不免會恐懼憤恨，然而他們又不得不依賴泰國的投資，不得不被泰國的強勢經濟所操控。

資深記者羅伯．D．卡布蘭（Robert D. Kaplan）在《世界的盡頭》一書中提到，寮國是「泰銖國家」，資源幾乎為泰國所用，而寮國人都住在湄公河岸，並湧入泰國邊境地區，受泰國經濟控制，於是他推測寮國將成為泰國的延伸。他的觀察或許受到泰國智囊團團長薩姆達凡尼亞的影響，後者曾對來訪的卡布蘭說過：經濟成長不能由「人為國界」來決定，而應從活動路線來決定，例如湄公河，「隨著這個過程進展，亞洲需要新的地圖來取代十九世紀模式的民族—城邦地圖，因為後者逐漸與事實不相關。」

他說的或許沒錯。我在寮國旅行途中遇到的外國旅客，都是從泰國來，或是準備往泰國去，寮國，從來都是來往泰國的路程中暫留的一個點，它的魅力沒有鄰近國家大，它在國際社會中總是缺席，它在媒體中總是被略過。

卡布蘭寫這本書是一九九六年，當時中國還不成個選項，其影響力還看不到。儘管如此，那時，一個聯合國援助官員便已提醒他：「邊界已經瓦解了：泰國—寮國、寮國—中國、中國—越南。你會老是看到卡車從森林裡載著巨木，前往泰國或中國。」

中緬寮泰四國邊界由湄公河劃分。這四個國家在二〇〇〇年就簽訂了商船通航協定，不論哪國貨船，都會掛著四個國家的旗子，在這二百七十公里的航程內，遊走國界之間的船隻總像是在無國界的區域間悠然。而這條母親之河豐沛的水利資源，也成為流域六國眼中的「鑽石」，這六國在一九九五年組成了湄公河發展委員會，共同制定了開發計畫。湄公河發展委員會的秘書處便設在永珍的湄公河路——和這家喧嘩的餃子館位於同條路。

擁有湄公河三分之一長度的寮國，因地勢高、水位差高，從個不起眼的窮小子轉身成為金龜婿，也是專家眼中的「亞洲科威特」。這個亞洲科威特現在湧入了大批中國商人和勞工——原本永珍便有五萬名中國人居住，從二〇〇五年起，中國政府有計劃地引進萬名勞工採礦，光是在這個首都，就約有超過五十萬名中國人。

中國在這個國家的勢力明顯可見。永珍蒼白窘迫的國家博物館對面，是一棟金碧輝煌的建築——國家文化中心，雖然裡頭展示乏味，更時常播放著在我們看來無趣得並宣揚國家力量的中國電影，但對缺乏電影娛樂的寮國人來說，仍足以讓他們看得津津有味。文化中心的門口，樹立著大型電子布告欄，不時播放著寮國旅遊的華語宣傳片，卻是以兩國堅定的友誼為號召。這也呼應了文化中心門口的中文刻字：「這是中華人民共和國的人民和政府送給寮國人民和政府的禮物」。

中國做的當然不只如此，整個東南亞的公共建設幾乎都攬在這個北方大國手上，它以強大的經濟實力為這些國家修築道路，甚至打通了一條從昆明到曼谷的公路。中國還拓寬了湄公河道，觀光船和運送蔬果的船隻在三國交匯之處奔忙著，彷彿一個無國界地帶。

對許多國家來說，修路打開門戶會造成緊張，泰國北部的官員也認為，這種「中國式侵略」將使得問題惡化，他們甚至為寮國擔心，「中國商人帶著資金和自己的工人、建築材料來到這裡，我擔心將來寮國人會感到被剝削和侵略了。」不過，寮國政府似乎不在乎，寮國官員甚至願意拿土地來向中國籌措資金——在寮國的北部，中國設立了經濟開發區和賭場，引發大量中國商人前來。

餃子館內，依舊喧囂。一個中國商人大嚷：「老撾（寮國）的身價，可是高漲的啊。」他們抱怨著，經商的規矩和文化，似乎爬過幾座大山，翻個國界，一切就都不一樣了。

——

湄公河也是在崇山峻嶺中一路咆哮，跨了國界才成了這個名字。Mekong 是柬語，「母親之河」的意思，它孕育著中南半島各族群的文化，至今仍擁攬著這些國家的歷史和發展，見證了幾個帝國的興衰。但在中國境內，這條河叫「瀾滄江」。瀾滄是傣語發音，古文獻記載，傣族也稱這條流經西雙版納的河流為「南蘭章」，意即「百萬大象繁衍的河流」。

約莫在八世紀之時，這個族群離開中國雲南境內，沿著河谷朝四方遷移，各自延伸出不同的族群文化，根據現代國家和民族學定義：移到現在緬甸的是撣（傣）族，移到泰國的便是泰族，在寮國的成為佬族，而且還有遠達印度的分支。不論遷移到哪兒，這些傣族的支系說著同系統的語言，都依附著這條大河生活，其文化和傳說也都離不開這個水域。

十四世紀時，來到南康河附近的佬族，在南康河和湄公河匯流的龍坡邦建立了「瀾滄洪考」王朝。在此之前，這塊土地上分布的小公國被真臘和吳哥王朝所統治，直到這個名為「百萬大象，白色寶傘」的王朝建立後，當代寮國的雛形才被勾勒出來。

但僅是被勾勒出來而已。在鄰國緬甸和泰國的侵略攻擊下，這塊區域仍是四分五裂，直到法國脅迫泰國將湄公河以東的土地出讓，「寮國」便成了殖民勢力下那個種植罌粟的後花園。

「就我們所知的寮國這個國家，是外國人所創造的。過去，法國、英國、中國和泰國分別在其四周畫出邊界，法國人尚且在其英文名稱 Lao 後頭加個不發音的 s。」我手上的《寂寞星球》也這麼寫著：人們經常說，寮國不像一個國家，反倒像是一個多部族和語言混雜的聚集地。

然而，我的導遊卻不同意這種說法。他是一個年輕的小伙子，名字叫佟。佟說，寮國本來就存在，是由佬族建立的王朝，

當我問他泰國主要族群「泰」和寮國的「傣」有什麼差別時，他思考了一會兒回答我：傣分布在湄公河西岸，所以當泰國拿走西岸土地時，這裡的傣族就變成「泰國人」了。事實上，佟誤會了我的意思，佬族原就是傣的分支，只是，如同所有國族主義者的自我認定一般，佟並不認為寮國人會和泰國人有關，唯一能解釋的，就是泰國搶走寮國的土地，土地上的人民便改變了國籍。

為了說清楚這段歷史恩怨，佟抓過我手上的筆，在紙上勾勒出寮國的形狀後，朝湄公河西岸延伸畫出一塊土地說：「這些原本就是寮國的土地，但後來泰國（暹邏）侵略寮國，這一塊都被奪走。這些人也就成了泰國人。」換句話說，今日泰國和寮國以湄公河為界，並不是自然成形的，原本屬於瀾滄王朝統治的小公國，分布在湄公河西岸，當其國勢衰弱後，小公國的統治權被鄰國奪取，領土也歸其所有。而後，西方強權再將部

分土地奪過來，最終，湄公河成為國界——包含首都永珍在內的湄公河東岸土地擁有權，則在各種政權之間反覆。

我和佟畫出來的「寮國」，是一九五〇年代獨立後才確定的，在這個圖形上他多畫一塊，我多切一塊，分別畫出我們認知中「曾經的國界」。而我們的爭執恰恰反應寮國邊界的曖昧——寮國之所以是寮國，並不是它自己決定的。

我們對過去政治疆界的想像和理解經常被現代國家（nation）的概念所綑綁，有時候會難以理解東南亞國家歷史的推演。國界永遠隨著權力中心的轉移而變化，當權力中心衰弱時，遠處的城邦就會效忠於其他王國。因此，每當學者談論舊東南亞王國時，都會談到「曼陀羅（mandala）」，這個梵語有「權力圈」的意思。

「權力圈」因國力不同而改變，因此，過往「國界」無法被定型。反觀，今日的世界地圖卻如一個不可挑戰的數學公式般存在，國界就是絕對值，但決定這些數值的，往往是殖民者。即便是從未被殖民過的泰國，都由殖民勢力劃定邊界，學者班納迪克・安德森在著作《想像的共同體》中便直言了這點。

理查・穆爾（Richard Muir）在《現代政治地理》中指出，國與國領土間的接觸面就是邊界，它決定了主權的範圍並界定封閉的政治領域的空間形式。但邊界是作為垂直接觸面存在，邊界沒有水平寬度，亦即國和國之間的界線，沒有曖昧含糊的平面空間，是極度明確的切割，而這正是二十世紀開始的地理學模式。東南亞傳統上的政治範圍概念——「公國」已經消失了，「不可見、有邊界的領土空間角度想像國土」的「國家」取代了他們。

殖民者在亞洲、非洲留下最具現代主義的線條，就是地圖。地圖讓這些土地像是可被清點的物件一樣，陳列了出來，好讓殖民者確認自己有哪些財產。而這些土地和國家也像是拼湊物一般，畫上線條，塗上顏色，成了一張大圖，看不到族群，也看不到傳統。地圖，被一張張複印，國家，被一個個強塑。

現代人鮮少沒有一個國籍，他們也都能毫不猶豫地說出自己國家如何形成，如何從殖民者手中獨立。但很少人去思考：這個土地被殖民者塑成國家形狀前，原本該是什麼樣子？

——

我到龍坡邦第一天，就在旅行社預定了單人健行行程，佟負責到背包客棧接我上一輛小卡車，朝離龍坡邦一個小時的山區聚落前去。他對我介紹自己：「我叫佟，是一個苗族人。」

個子矮小瘦弱的佟看起來和其他寮國人沒有兩樣。當他引領我在山區健行，邊介紹此區苗族、佬族和佧木族等村落時，我問他：「你們能分得出彼此的不同嗎？」在我眼裡，所有的寮國人都長得類似，就連東南亞人我都分不出差異。佟略帶靦腆地說，分得出來，畢竟語言習慣差別很大。他才剛當導遊，英文不太流利，卻得應付我許多奇奇怪怪的問題，瘦小的他，時常露出尷尬的笑容。

二十八歲的佟熱愛自己的國家。他說，他的國家雖然貧窮而落後，但是有個「好政府」。儘管從獨立到現在，政權一直為寮國人民革命黨所有，而這是寮國的唯一政黨，「但是，我們的國家很民主，每五年都會有一次國家領導人選舉。」佟驕傲地說。毫無疑問他也自認是個寮國人。

不過，「愛國」這件事卻也是佟的家族的傷痕，因為政治選擇不同，佟的家人分裂成兩邊，父親和爺爺支持巴特寮（Pathet Lao）——為反抗殖民而獨立的政權，母親那方的家人則支持美軍。

為了防止東南亞赤化，越戰期間，美軍大量駐防中南半島。他們不僅要防止主張社會主義的巴特寮掌權，也得防堵北越經由位在寮國領土的胡志明小徑來運輸軍隊和物資。美軍出動近六十萬架次飛機，投擲超過二百噸炸彈，比在納粹德國或韓戰中丟下的炸彈還多，甚至多達三倍。「九年來，每八分鐘要投下一架飛機的炸彈量。」一個作家這麼說。寮國因而成為世界戰爭史上，人均轟炸程度最嚴重的國家。

外國勢力的介入讓寮國的苗族發生了分化。早在法國殖民初期，起身反抗殖民統治的多是苗族人，法國人花了四年才鎮壓駐這個族群，但後來巴特寮領導的反抗殖民運動興起時，苗族領導階層出現了分裂，大多數站在法國那方，只有一小部分支持巴特寮。當美軍再度介入時，部分苗族人仍占在巴特寮的對立面，支持美方——後來成為美國秘密部隊的苗族人，原就是為法國打仗的雇傭兵。

美國撤軍後，有三分之一的苗族人逃出寮國，有的移民美國，有的成為難民。至今，還有許多苗族聚集地仍受到政府監控，外國人和觀光客不准靠近。而站在巴特寮那一方的苗族人，自然沒事，有些人甚至能擔任政府要職。

佟的爺爺在當時被美軍炸死，站在美國那一方的家人則移民美國。佟的父親安然當農夫，養著十二個孩子——除了佟。因為窮苦養不起太多孩子，佟被叔父收養，因而能夠享有較多的資源，也上得起大學。他在大學裡學外文，除了當導遊，似乎沒有其他的選擇，但他已經知足：「我的生活比其他兄弟好多了，他們吃不飽，也離不開田地。」

我們邊聊邊渡過橫跨南康河上新蓋的竹橋。南康河在雨季時溪水會暴漲，橋樑會被沖毀，因此雨季過後，村民都會新蓋一座橋。走過竹橋，一個老人迎面而來和佟說了幾句話，我猜測他們正討論我，佟點點頭說沒錯，他還特別強調對老人強調：「她不是來自中國。」

在苗語中，中國有個特別的指稱和字眼，聽起來不像一個國家，倒像一個族群地名。佟倒是對我說，自己的祖先來自中國。之前，他並不知道苗族起源，當上導遊後，為了多瞭解自己的國家文化，時常抽空跑到圖書館借書閱讀，這才查到苗族祖先在一百多年前因不堪中國政府嚴苛勞役，逃來此地。對他們來說，這可能只是翻座山的距離，但卻是跨過一個國家，從此擁有不同的國籍。然而，面對不同族群時，不論國籍，他們都會說：「我是苗族。」

曾被暹羅文化影響的寮國，至今仍無法擺脫泰國強勢的貨幣和經濟文化作用。寮語和泰語相似，寮文也借用泰文的書寫系統，但苗族卻獨有自己的書寫方式，儘管那就是傳教士留下來的羅馬拼音系統而已，但樂觀的佟並不以為意，他跟我說了個帶有偏見的寮國笑話：「你知道為什麼佬族（寮國主要族群）有文字，苗族有文字，佧木族為何沒文字嗎？」

走往佧木族村莊的途中，佟說起了他的笑話：佧木族很懶惰，當苗族和佬族都帶書去上課時，佧木族只帶了他的午餐。走到一半，佧木族餓了，就把他的三明治吃了。過了一會兒，大家都拿出紙筆寫信回家報告，只有佧木族不能寫，因為，「他吃了他的三明治」。

說完之後，佟忍不住哈哈大笑，不停重複著「他吃了他的三明治」、「他沒有文字」……哈哈哈。這是害羞、對英文沒有自信的佟，在這一路上說得最好笑，表達最流利的故事。

印尼

模糊的他者

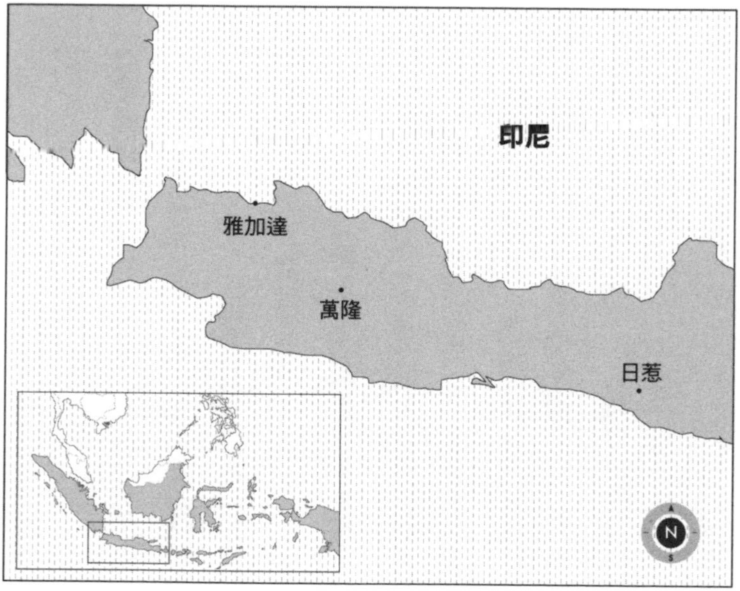

進入人類學研究所不到一個月，我便意識到自己需要一張完整的世界地圖，因為老師指定的讀物當中，總是充斥著美拉尼西亞、初步蘭島、努爾島等無法辨識的地名，我記不清楚它們，更不知道它們在地球的哪一方。不久，一這張簡單地圖便掛在我的床頭，每當我閱讀一份人類學研究時，就會在那張大地圖上多添個標記。

在我就讀人類學之前，我的世界觀一如這張地圖——不論邊界劃分如何有爭議，不管領土主權爭奪如何炙烈，世界都由各個主權國家（state）或稱是民族國家（nation-state）無縫隙地拼圖而成。不過，對人類學者而言，晚近生成的「國家」概念並不是構成世界的基本單位，「對公民來說，公民權是個新觀念，但認同卻不是新的：我們雖不是一直都有政府，要不就是分裂成許多國家；但自有稻田和婆羅浮屠（Barabudur），伊斯蘭與阿拉伯入侵以來，即使不是永久，我們還是我們。」人類學家紀爾茲（Clifford Geertz）在書寫印尼的田野筆記時，這麼提到。

因為一個研究機會，印尼這個剛獨立不久的國家，成為紀爾茲進入人類學研究的田野地，他在一九五〇年代，踏入了風雨欲來的中爪哇，見證了一個國家日漸成形。而我，也因為讀完他的研究《深層的遊戲：關於峇厘島鬥雞的記述》，決定追尋紀爾茲的研究之路。聽到我的計畫後，研究所老師同學也熱切響應，於是，在二〇〇四年寒假，我們組了個小小的「鬥雞團」，前進爪哇島——儘管鬥雞的研究是發生在印尼峇厘島。

紀爾茲在峇厘島的田野經驗彷彿經典，每每說來總是讓人興奮：一九五八年四月，身患痢疾、缺少自信的紀爾茲夫婦到了峇厘的一個五百人小村莊，那是個偏遠、自成一個小世界的地方，面對這兩個西方「闖入者」，村民們以一貫面對不速之客的態度相應：視而不見，彷彿他們是幽靈一般不存在於此。

當時印尼才剛獨立不久，共和國政府明令禁止「鬥雞」，因為鬥雞太「不進步」太「原始」，和一個具有雄心壯志的民族太不相稱，菁英們擔心貧窮又不知節制的農民會把錢賭光，也擔心外國人的眼光，更認為這是浪費了原該投入國家建設的時間。於是，村民們只好在隱密角落裡，秘密舉行鬥雞活動。

紀爾茲意外參與了其中一場為興建學校籌募資金的鬥雞比賽，還遇上了警察突襲，騷亂發生後，參與者二話不說，拔腿就跑。

遲疑了片刻，紀爾茲夫婦決定跟著逃跑，還跟著其中一個逃難者閃進了一座院子——原來那是他家。這位逃難者的妻子顯然「訓練有素」，立即搬出桌子鋪上桌布，擺好三張椅子和三杯茶，讓這三位氣喘吁吁的人能坐下來，他們幾乎沒有說話交流，鎮定等著警察上門。當警察為了追查組織者來到這個院子，便因看到「白人」而楞住，但仍盤問起來。這個院子的主人隨即熱切地報告了這兩位客人來這裡的故事和目的，準確而詳細，讓紀爾茲吃驚：原來他們並非「視而不見」。

隔天，紀爾茲彷彿置身在鏡子後頭——一個平行相異的村莊。村民們對他們熱情了起來，不停追問他們當時的細節，模仿他們、甚至取笑他們，紀爾茲夫婦就在這麼一夕之間，從外來者變成了這個村莊的「自己人」，完全不需證件資料說明自己，便已「置身其中」。

人類學是一門西方產製的學問，服膺著殖民者而生，目的是為了探究那些西方強權已然插滿旗子或即將插上旗子的「異族文化」。研究者和「他者」之間，永遠存在著一條看不見的界線，因此紀爾茲說我們只能夠去「深描」它——因為人類是懸掛在由他們自己編織的意義之網上的動物——他強調了「土著觀點」，也就是要從當地人的角度來理解他們對政治、文化乃至於國家世界的看法，這恰恰是別於過於濫用西方術語或觀點來解釋自己和他人的方式。

透過紀爾茲的描摹，印尼諸島有著別於政治敘述外的文化歷史風貌：印尼是由三千座島嶼、數百種語言構成，每個島嶼都有自己的族群和故事，如爪哇北方是海洋貿易眾邦、葡萄牙占領了馬來半島的麻六甲後，步步逼近「滿是國王和香料」的摩鹿加群島、蘇門達臘亞齊有個好戰的穆斯林王國、峇里則有頑強的印度教王國……。某個荷蘭歷史學家曾說，海上貿易在印尼是「歷史的常數」，亦即貿易強化了這個國家的區域特性，「讓印尼成為今日印尼的，就是以貿易串起諸島的荷蘭。為了生意上的方便，荷屬東印度公司不得不整合一個又一個東印度民族，最後以霸權消弭印尼群島原有的多元競爭性，讓爪哇獨占鰲頭。」

紀爾茲說，將絕對地圖所畫出的空間裡的文化、地理、政治與自我，視為國家的相關問題這種傾向，導致了將過去視為序曲、未來是結局的想法，「這種想法多稱為國族主義，」對他來說，國族主義並沒有錯，但卻是遭到濫用的範疇，把無法歸類的歸在同類，模糊了內在的感受。而在各族群島嶼中「獨占鰲頭」的爪哇，也就成為孵育國族主義的溫床，帶領印尼獨立的蘇卡諾，正是出生於爪哇。蘇卡諾是教師之子，二〇年代投入反殖民運動，在日本支持下，完成他的「大印度尼西亞」之夢。

在印尼諸多群島當中，爪哇島算是「老大哥」，地質年齡最長，文化歷史最久，於是掌握了整個國家的政經方向，首都雅加達便在這座島的西側。儘管如此，整座島上冒煙的活火山，都以噗嚕噗嚕的聲響提醒著我們：「這還是一個年輕又精力十足的島。」一正如印尼自身也是個年輕的國家一般。

我們在蘇卡諾之女梅嘉瓦蒂在任總統的最後一年（二〇〇四），來到這個印象中貧窮、暴亂貪汙頻傳的國家的首都雅加達，只差一個月，就是總統大選，我們雖無法立即感受政治情勢轉變的氣氛，但二十多組候選人一字排開的陣容，讓號稱來自民主國家的我們「印象深刻」。

只是，我們對政治觀察的興趣還是比不上「尋找鬥雞」，儘管最終的收穫只是發現街頭幾隻受傷的公雞，但伊斯蘭教斷食日和殺牛宰羊的慶典我們倒是在爪哇的第二早就遇上了。在分食的前天，整個雅加達街頭巷尾都可以看到被拴綁在路邊的山羊，我避之不願參與，以為繞過清真寺就好，不料早晨才走出門，就看到一群嚇得腿軟的羊咩咩，還有另一角聚集的人們及地上清楚的血跡，嚇得我拔腿就跑，趕忙回去，而這也是我在印尼唯一一次奔跑——當然跳進的，還是自家旅館的院子。

如同每個發展中國家的首都樣貌，雅加達有高聳的大樓觀景塔，也有著讓高級轎車能堂而皇之地擺飾在大廳的高級百貨公司，強烈的冷氣宣告這棟大樓正處在赤道帶的「北極」，以至於我們只能捧著熱咖啡抖縮著在星巴克取暖——這是個產咖啡的國家，我們手裡的咖啡卻來自千里之外的非洲大陸，這就是所謂的全球化。百貨公司旁的高架橋在日落時分排滿了車，車燈炫出澄黃，此區的豪宅別墅都透著光，聽說那裡大多住著有錢的華人。

這是個魔幻時刻，差點讓我們遺忘早先頂著赤陽，經過城市貧民窟時的心頭那一凜，也將碼頭的冷清蕭條拋在腦後。

雅加達城郊的碼頭，曾經是殖民者運送香料咖啡和資源的出入口，一度熱鬧而喧嘩，如今鏽黃的貨輪無所事事地靠著岸，如同不遠處鐵道上躺著一排的那些工人一般，等候著活兒。「他們如果等到工作，一天可以拿到八十元台幣的收入。」途徑此地時，我們的司機 Buddy 告訴我們：大多數人在鐵道旁睡了又睡，可能也無法賺到那八十塊。之後，我們在火車經過的鐵道上，看著那些擠身在車廂旁或發呆或吸菸或抱著孩子的臉孔，我不免想起故鄉火車站前那些聚集著的「外勞」，卻記不起他們的表情，此刻，我方能體會不惜離家遠走，到異鄉掙得一份工，是不得不然。

次日，我們搭上火車到萬隆，火車從雅加達開進萬隆，不過只是兩三個小時車程，便轉成另一種氣氛。週日的萬隆空蕩沉靜，清真寺傳出低穩虔誠的呼報聲，撫平了城市慣有的噪動。我們揹著行李在這鴿白般輕巧之地走著，如果無人提醒，絲毫不覺這裡曾經寫過一頁重要歷史，而這一筆，影響了我的國家至今。

一九五五年，包含中國在內的亞非國家在印尼的萬隆舉行第一次亞非會議。位在亞洲大陸、澳洲和西太平洋十字路口的印尼，是歐美、蘇聯、中國、伊斯蘭等各勢力的角力點，蘇卡諾領導的印尼便在這幾種勢力之間的歷史焦點上，取得了區域領導權，在會議上，他以「讓新的亞洲和非洲誕生吧」為題演講，宣稱「第三世界」從此建立。彼時，冷戰正炙，美國協防台灣，防堵共產勢力擴張，詭譎的情勢提醒曾經的殖民地，應否定「一切形式的殖民主義」，他們達成經濟互助的共識，也同意不干預他國政治，第三世界的友誼和認同從此建立。

人們或許仍悲憫著這些前殖民地，或者嘲弄這些新興國家什麼都沒有；他們將歐美強權看成大象，將這些亞非國家視為螞蟻，然而近代戰爭史上，時常產生螞蟻扳倒大象的結局。

這是一個「國家」大量蹦生的時代。在這之前，聯合國有五十八個會員國，絕大多數都是西方國家，一九五〇年到一九八〇年代，聯合國會員國增為一百五十八個，絕大多數位處歐美之外。族群各自重組構成「國家」這個單位，躍上國際舞台，尋找自己的位置。參加萬隆會議的這二十九個國家，占據了當時世界人口的一半——中國總理周恩來出席了萬隆會議，亦即表示中國與這世界人口的一半發生關係，也和聯合國內迅速增加的會員國建立友誼。不久，這些會員表決同意讓中華人民共和國進入聯合國；而後，蔣介石政府宣布中華民國退出聯合國，台灣因此成為今日國際位置上的台灣。

我們特意來到昔日舉辦亞非會議的會場前，望著掛著二十九面國旗的旗海壯闊。改寫台灣歷史的這個會場看起來不過就是個普通的商業旅館。我端詳著旗杆，試著搜索一下熟悉的國旗，一如預期，懸掛的旗幟中不會有青天白日。我們連照相都懶，繼續往前邁進。歷史的偉大與我們無關，只有旅途上的體驗才真實。

——

「你要小心他們。」婦人將頭從掛滿洗髮粉和料理包的小攤口探出來，朝背包客棧門口的幾個男人比一比，悄聲對我說。我們剛走出萬隆車站，將行李放進背包客棧，便急著出來買香菸，我沒有聽到華語的心裡準備，突然被這句不標準的華語驚嚇到，愣了幾秒，回問她原因，「因為，印尼人很壞。」這個婦人將菸和這個答案遞給我後，取走放在檯上的錢，頭便收回去了。

這個賣香菸的婦人是我在印尼遇到的第一個華人，不知幸或不幸，她也成為第一個傳遞恐懼給我的當地人。她的善意提醒對我來說卻成了困惑：「她難道不也是印尼人嗎？」或許她在對我說華語的那一刻，便把我當成「我們」，而她口裡的印尼人，就是我們之間共同的「他者」。

此時是梅嘉瓦蒂當政末期，離一九九五年發生的排華暴動還不到十年之遠，街頭不時流洩出華語流行歌曲和節目，華語學習熱也當頭，反華氣氛明顯下降，只是，陰影和驚駭仍瀰漫在華人社群之間，我在印尼旅行期間，不論到哪個城市，總有華人店家警告我：「別和印尼人打交道，他們很壞。」

印尼的首次排華，起於一九六五年，當時蘇卡諾的親信策動政變，陸軍戰略後備部隊司令蘇哈托組織軍隊平息動亂，但也順勢推翻親共的蘇卡諾政權，隨後又展開「反共大清洗」。繼起的蘇哈托政權指控華人社群中隱藏著心懷中國的共產黨員，排華運動於是開始。

但距離我們最近、印象最深的一次，是一九九八年的「五月暴動」，當時有諸多華裔婦女被凌辱，華人商店被砸毀焚燒，生命財產被威脅。蘇哈托也因此事步下政壇，結束他三十一年的統治。排華，發生在他接掌權力開始，也是讓他走下權力的終途。

蘇哈托的排華，源於政治，終於經濟。在他任內那段「新秩序時期」（一九六六至一九九八），給予華人擴展國家經濟和財富的特權，卻也同時將他們推到政治、文化和社會上的邊緣：華人不具公民權，即使擁有公民權，也無法和其他族群享同等待遇，甚至被迫改名換姓，不可組織團體和媒體，不能加入軍隊和公務員之列，連唯一的華文報紙都是印尼軍方控制，華人只能當翻譯。華裔學者雲昌耀便曾在《當代印尼華人的認同》一書中提到：「由於華人擁有薄弱的政治基礎且處於易受傷害的地位，允許他們主宰經濟並不會對軍事統治構成政治上的威脅。」然而，正是因為一小群華人財閥與當權者千絲萬縷的利益關係，金融風暴發生後，蘇哈托政府將責任推給這群華人，所有華人因此共同承受貧富不均的惡果。

印尼人口超過兩億四千萬，族群數量也多於三百個，其中以占約四成多的爪哇為最大族群，華人只占百分之二到三。因為族群數量龐大，這個國家獨立建國之初，便以多元文化原則來統一二十七個省的大小島群，不論先來後到，都被視為是具有本土性的「土著」（印尼語：asli），也被認可為原住民（印尼語pribumi，亦即「土地之子」），但那些即便十七世紀便已移入的華人，卻始終被視為「外來者」（asing）。

華人和原住民之間那條不可抹滅的邊界線，早從荷蘭殖民時期刻下，當時的殖民者在印尼群島實施了種族隔離政策，將所有族群分為：屬於上層的歐洲人，位在中層的外來東方人，以及底層的土著。當時華人獨占經營不道德性商業活動的特權，因而造成長久以來印尼其他族群對華人控制經濟的刻板印象。然而，為了扭轉族群結構，一九〇〇年起，荷蘭人實行「土著改良政策」，向華人抽稅，還限制其居住通行，華人地位因此改變，他們於是認清唯有鞏固自我才能得到「他者」尊重。

不論政治如何變動，印尼華人在歷史洪流中，始終被強綁在一個邊緣位置。「華人是來自印尼邊界外的土地」一直是印尼社會中無法扭轉的印象偏見，在蘇哈托時期便流行著「華人沒有民族觀念」的說法，整個社會都認定華人對祖先土地的忠誠高於國家，於是，當中國共產黨取得政權後，華人的族群性也就被本質化為共產主義。一直到今天，印尼族群和華人之間的邊界線，仍明顯可見，但這條線對我這個同為華人身分的外來者而言，卻也是困惑：我似乎應該同情印尼華人長期的處境，但聽到他們嘲弄批評「印尼人很懶、很落後」，總讓我也恨不得聽不懂他們的語言。

印尼人很壞——賣香煙的婦人對「印尼人」的看法，似乎驗證了舉世皆有的族群仇恨和偏見，這樣的偏見不斷複製在一代又一代人身上，但「他者」有時和國家之別無關，也並非同個族群就沒有異己。

排華暴動發生後，印尼華人紛紛外逃避難。他們的祖輩曾為躲避戰禍逃難至此，他們的後代又因為政治往外逃。因為印尼和馬來文化、語言相近，所以許多逃難學生到馬來西亞，有個馬華朋友便回憶，中學時代曾和這些逃難的印尼華人學生一起上課，午餐時間總看見他們睜著驚恐的眼睛，不知所措地坐在學校食堂裡，「我當時不知道發生了什麼事，只知道他們從印尼來的。其實我對學校湧進這麼多外國人，也是很害怕。」即便在「族群」上，他們都是「華人」，但終究是「他人」。

在台灣，我的同胞也和「印尼人」保持遠遠的距離，稱呼他們是「外勞」或「外籍新娘」，即使他們身上也有華人血液，仍然是「外人」。但那些印尼華人又怎麼看待台灣呢？《外籍新娘在美濃》這部紀錄片中提到，印尼政局不穩定致使華人生存受到影響，年輕華人女孩紛紛嫁來台灣，她們的母親說過去從不覺得需要國家保障，如今認為女兒嫁到中國跟台灣沒什麼不好，「回自己的國家嘛！」在她們的眼中，台灣和中國都是自己的國家。

國族邊界的就這麼反反覆覆地在「我們」和「他們」之間游移擺動，彷彿擔憂著那些因疏忽而無法被過濾掉的警戒。但為什麼需要這些警戒？

父親朋友的家中，僱傭一名印尼移工，名叫瑪利亞。他們一家人待瑪利亞如家人一般，假日讓她多休息一會兒，偶而也會帶她一起參加飯局餐會，我就是在飯局上認識瑪利亞的。「你假日會和朋友們出門逛街嗎？」我好奇她工作之外的台灣生活，但瑪利亞只是搖搖頭說她在台灣沒有印尼朋友，也不需要，多半獨自在家看電視，她喜歡台灣連續劇，甚至學得一口比我還流利的台語。父親的友人打斷了我們的話：「她很乖，她都不和其他外勞鬼混。這樣好，才不會和那些印尼人學壞。」我又看到「我們」和「他們」之間的警示燈閃閃發亮。

警示燈無所不在，我們從雅加達計劃搭火車前往萬隆時，它也曾出現。一位曾在日惹（Yogyakarta）擔任華語教師的朋友勸我別搭火車，「因為當地華人也阻止我搭火車。」印尼華人幾乎不搭火車、巴士，他們只搭飛機。在他們的想像中，這些便宜的陸路交通工具滿是危險，又因為沒搭過，恐懼更被無限放大。事實上，從雅加達到萬隆的「恐怖火車」，擁有空中巴士一般高級享受，火車上提供枕頭、毛毯、飲水熱茶和空調，長程列車還有電視螢幕和食物。如果奢侈一點，還可以點「鐵路便當」，不到台幣四十元就有一盤熱騰騰的印尼炒飯在你桌上。儘管票價和台灣鐵路差不多，在印尼卻只有中產階級才負擔得起，但已是我所有旅行經驗中最物超所值的交通服務了。

「還好，我沒聽那些華人的話。」看著盤中的新鮮荷包蛋，我忍不住慶幸，這種「無視警告」以及衝破我們和他們的邊界線所得到的驚喜，讓我在爪哇的旅程一路唱反調到底。

——

收下香菸後，我轉身朝向背包客棧門口那群「很壞的印尼人」走去，加入他們的聊天行列。這是一群藉著旅遊業為生的「異他人」——占印尼人口約百分之十五之多，也是僅次於爪哇族的第二大族群。這些膚色深且個頭矮小的異他人，聚集在客棧這裡等著生意上門，有些是導遊、有些是旅館工作人員、有些是司機。

一位穿著巴西足球隊球衣的平頭男自告奮勇，要當我們的導遊，為我們安排接下來的行程。他叫 Enos，看起來神似巴西足球明星羅那度，我笑說他一定因為如此，所以才穿著巴西球衣，他不置可否。但他的確和羅那度一樣有著自己的夢想，而那夢想是在遠方。巽他人沒有姓，獨有名字，每個父母為孩子命名時，都會帶著期望，Enos 的名字，是「夢」的意思，母親懷他時，夢到他早逝的哥哥，於是取名「夢」，祝福他也能「夢想成真」。

「真的，我很感謝母親。我一直很想去歐洲，可是我沒有錢，但後來我當成了導遊，帶團到歐洲，我的夢實現了。我的夢，常常會實現喔。」說到這裡，他顯得相當開心，很難想像，已有兩個小孩的人還能有這麼天真的笑容。這家民宿的德國老闆在我們嬉笑玩鬧時，事不關己在旁吐了口煙說：「巽他人就是這樣，喜歡飲酒作樂，可以玩樂一整晚。」對我們台灣人，甚至對那個賣香菸的華人婦女來說，這些深膚色的臉孔時而被框以「東南亞」或「印尼人」，而非細緻的「巽他人」或一個獨立個體來被看待，因而當他們以一個有名字、有族群文化的「人」有血有肉站在你面前時，實在讓人很難將他們視作「很壞的印尼人」或是台灣社會時而鄙視的悲苦貧窮印尼勞工。

我們就這樣跟著 Enos 和他的伙伴 Bombom 去旅行，他們成為我們看印尼的眼睛。和我們在雅加達遇過幾個憤世嫉俗當地人不同，這幾個巽他人或許帶著少數族群的樂觀天性，總會引導我們往正面角度看他的國家。

例如有一次，經過滿山的茶園，我們正為茶葉豐收而開心時，他們解釋，這山上的茶園都是政府的，因為土地是政府的，所以收入也是政府的，而採茶工人一個月的收入只有台幣一千六百元。我們為此生氣，不停批評印尼政府，我們的印尼朋友卻跟我說，政府給他們吃跟住，有份穩定的薪水，已經過得很好了，還需要什麼呢？

在印尼旅遊的過程中，我慢慢產生一種感覺：印尼政府對人民太差，人民因而必須相互幫助生存下去，包括給小費。在爪哇有個奇觀，馬路四處都會有人冒出來「指揮交通」，不論你的車要停入，或是開出，都會有人冒出來在車子後頭指揮，就算你原本開車技術就好，完全不希罕他人的幫忙，仍然會給那個人一千盧比。不只是如此，上廁所要錢，帶路要錢，到你店門口或車窗旁演奏音樂、要錢，一般印尼人也都會給錢，商家小販看到乞丐，也會順手丟一把錢。反倒是我們這些觀光客，對這些避之唯恐不及，車伕要幫忙拿行李，也因為害怕給小費而自己來，有人向你要錢，也裝作沒看到。一直到旅程最後，我才開始反省，我們對於他們的不信任或者是冷漠的態度，到底是因為在異鄉的不安全感，還是在台灣就被教導「不要被騙」所致呢？不到台幣四塊錢，為什麼我們給不出手？

「為什麼你們都要給錢呢？」Enos不懂我們的困惑，反問：「為什麼我們不該給錢呢？」說完，露出大大的微笑。我忍不住又想起，台北火車站前，那些面貌模糊的「外勞」，他們是否生得這樣，也有這樣的笑容？

旅程結束，帶著不捨的心情告別我們的印尼朋友來到機場，櫃檯人員拿起我們的護照後，興奮地竊竊私語了起來，我面前的地勤帥哥甚至投給我們一個誇張的笑容。「我，是道明寺。」地勤人員認真地擠出一句華語，而後比了比旁邊的女生：「她，是杉菜。」我和同學先是一愣，而後大笑：「所以你們是……？」眾人相當有默契地一起說：「Ｆ４！」這一年前後，港台華語流行文化風靡東南亞，沾了偶像團體之光，我們這個「台灣人」的身分在印尼也顯得閃亮，總有不少當地人熱切和我們談著Ｆ４、飛輪海等明星，好像他們和我們近得像隔壁鄰居或對門親戚，可以從我們身上探得不少消息一般。儘管我們恐怕比不上他們熟悉這些台灣明星，但聊起來仍顯得驕傲，尤其他們認真說出幾句華語時，總讓我錯以為「排華」是中古世紀遺事。

蘇哈托下台後，接任的哈比比允許華語教學，二〇〇一年時任總統的瓦希德開放華語使用以及准許華文出版品進口。我們到印尼之前不久，梅嘉瓦蒂支持華語教育發展，印尼各大學開始設立中文系，也正是這期間前後，我身邊不少朋友到了印尼擔任華語教師或服外交替代役，除了「移工」，我的國家以另外的管道形式接近了這個熱帶國家，「華語教學」對台灣對印尼都是風潮。我到印尼這一年，便有約三百萬印尼人學習華語，但不論是印尼華人或其他族群，無非是經濟就業的誘因，或因東亞流行文化，使華語成為一個「流行」的語言。

但這趟旅行後，卻讓我忍不住想著：什麼時候，我們也能夠帶著大大的笑容，以印尼語和我們身邊的那些勞力付出的深膚色臉孔打個溫柔的招呼呢？

泰緬邊境

失去身分的異鄉人

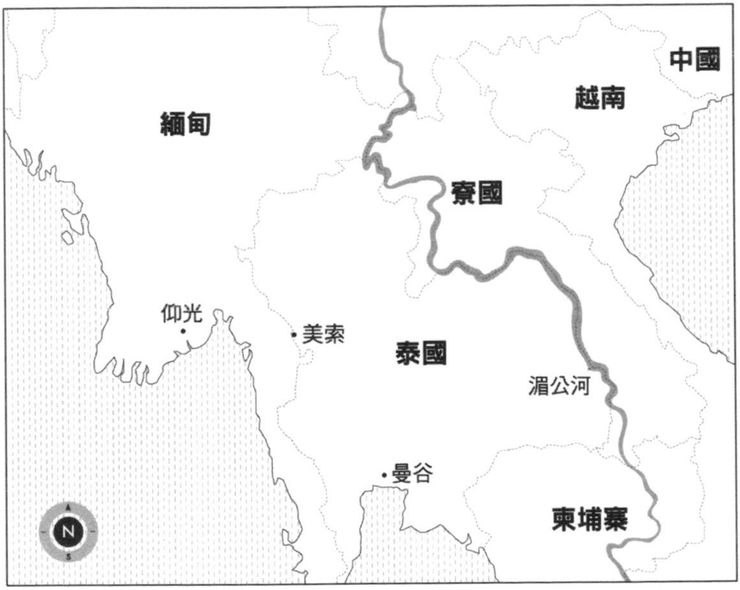

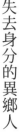

我在泰國美索（Mae Sot）認識 Min Min 時，他已經二十八歲，有著典型東南亞男孩的樣貌：膚色黑，眼睛大，睫毛長，講話羞澀但誠懇，會用專注的眼神看著你。

Min Min 是他父親的名字。這位緬甸青年以這個名字作為暱稱，叫著他便是呼喚他的父親。如果不知道他的故事，你會以為他只是個平凡的年輕人，應該有個工作，有個女朋友，也許結婚了，夢想可能如你我一般，環遊世界或者事業成功。但是，Min Min 的夢想，卻只是「回家」——回到他的國家。他原本應該是緬甸社會的菁英、中流砥柱，而現在他卻棲身在泰國，以無身分的方式。

—

美索是位於泰國西北與緬甸接壤的一個邊境小鎮，隸屬於達（Tak）府，距離曼谷約有六百公里。由於鄰近緬甸，受獨裁政府壓迫或不堪窮苦的緬甸人翻越國界來像美索這樣的邊境之地打工尋求溫飽的，有數十萬之多。像 Min Min 這樣的難民，在美索多到數不清，走在這個二十萬人口的小鎮上，我時常無法判斷眼前的來人，究竟是泰國人還是緬甸人，又或者是屬於族群棲地跨越國界的克倫族人？

我甚至也搞不清楚眼前的賴樹盛，此刻說的是泰語、緬語或是克倫語？

賴樹盛是台灣人，《邊境漂流》一書的作者，在美索生活工作多年的他，外貌清瘦黝黑，總是汲著涼鞋、穿著短褲、斜背克倫族婦女製作的包包，在街頭晃盪，若不是鼻樑上那副眼鏡添點斯文氣，還有工作的 NGO 住所總送往迎來那些台灣志工、記者和朋友，或許不會有人當他是外地人。每回閒了下來，他便叼根菸在門口蹲著，等著隔壁的穆斯林小女孩或是其他頑皮的學童來和他玩，「Pi Sam！」美索的孩子親暱喚他泰語版山姆叔叔（Pi 是對長輩的尊稱），可是這位來自台灣的「山姆大叔」既沒有雪茄，也沒有蘋果，更沒有帶來飛機，他兩手空空來到這裡，一心想做點什麼。

二〇〇六年的雨季，我和兩位準醫生來到這個被黏答答空氣籠罩著的熱帶小鎮，探訪賴樹盛這位老朋友。當我們走過襯著椰林的寬闊大路，看著街邊中國移民開設商店掛著俗氣的中文大字時，賴樹盛在摩托車引擎催動聲中拋出一句：「這裡不過就是個恆春。」

生來就在海島上的台灣人沒有邊境感，對邊境想像不是一片飛塵黃土的荒涼，就是一排荷槍將士的威嚇，彷彿只有極端的圖像可以選擇。但美索卻非如此，這是個安靜和平之地。賴樹盛大概習慣應付台灣朋友們的訝異，便以台灣南部的小鎮「恆春」輕鬆打發我們。

這裡當然不是台灣的國境之南，而是泰國的黑色邊境，在這個鎮上，總看到四處巡視的警察，緊盯著每張陌生的臉孔，因為他們可能是從國界那頭偷渡過來的緬甸人，沉默地在這個國家四散掙錢，再摸著原路回去，或者不回去。警察像鷹一樣銳利地瞄準可疑的獵物，查驗他們的證件，叼起沒有身分的人，驅逐出境。

美索鎮上最熱鬧的菜市場，也是警察最多的地方，我們在確認懷中收著護照後，輕鬆地穿過他們，準備搭上 pick up 到邊防。小卡車擠湊著眾多婦人和農夫小販，他們將雞鴨蔬果頂在身上，直盯著我們這些觀光客，讓我們尷尬不已，所幸約二十分鐘不到，就到邊界，這才知原來泰緬兩國的距離，也不過只有一條湄河（Moei River）寬。

泰緬友誼大橋跨越河岸，是兩國往來的關卡，鐵絲網密實圈著邊防，想要過界，必須得申請通關獲得許可後才行。但住在河岸那頭的緬甸人，花上一元泰銖，就能過得河來，伸直手向泰國此岸的遊客或買家兜售蝦蟹蔬菜，甚至假菸假酒。衣衫襤褸的緬甸孩子趁大人做生意時，也跑來跑去伸手乞討。不論合法或非法，只要當日來回，泰國警方也就睜隻眼閉隻眼放過，賴樹盛告訴我們，「只要緬甸人不進美索鎮就好。」情感和金流在橋下交流，不需人為界定的規則，彷彿沒有國界。「河的兩邊住的，可能是同一族人、甚至是同一家人。這是誰劃的國界？」這句話隨著賴樹盛吐出的菸冉冉上升。

我們在湄河這岸的邊境市場晃來晃去，此時正值泰國節慶，於是我們也湊熱鬧地買了個「我愛泰皇」鮮黃色手環，眾人相識而笑。笑鬧聲吸引了個爬上鐵絲網內圈的緬甸小男孩，他往我這邊看過來，而我也朝「鄰國」望去，他或許時常待在那邊，好奇觀望著屬於泰國這一邊的人來人往，而我此刻也對他那一邊好奇。我們兩個的視線，或許剛好在人們畫出的邊界上交會。

他在我眼中，像是個困在牢籠裡的囚犯，因為緬甸在我們的想像中，如鐵幕一般：長年籠罩在軍政府的極權壓迫下，緬甸人民毫無自由；為了防止知識分子反抗，軍政府關閉大學，壓迫少數民族。數十年來，這裡的空氣中似乎飄著在國界之間游移的離散悲苦，只有靜靜聆聽，才能抓到一把故事。

安靜平和的熱帶小鎮，隱藏了美索背後的撼人故事，那些故事藏在附近山上的難民營中——那是你必須驅動能夠征服泥濘黃土路的車子，才能到達的「無政府世界」。這些難民營用竹子和木頭圍成，在其中活的人們沒有政府、沒有國家、當然也沒有自由。泰國政府拉起了綿延四、五公里的鐵絲網，框限這些難民在這邊境之地生活著——除非他們重新擁有國籍，回到自己的國家，否則就只能這樣飄盪在國界邊緣的一丁點大的難民營內，這裡就是他們的「全世界」。

在泰緬共一千八百公里的邊界線上，共設有十三個難民營，收容超過十幾萬的「緬甸人」，光是最大的難民營美拉營（Mae La Camp），收容的難民就超過五萬。這些難民多半是緬甸的少數民族，如孟族（中國稱苗族）、撣族、克倫族，其中以克倫族人數最多，約有十萬多人。根據泰緬邊境聯合會的統計，截至二〇一〇年十一月，收容共計十四多萬人，其中克倫族的比例高居百分之七十八點四。

因為，堅持獨立的克倫族，一直是緬甸軍政府的眼中釘。

一九四六年，翁山將軍在撣邦一個叫彬龍的地方，和克欽、撣等少數民族達成協議，共同成立新的國家緬甸。但克倫族拒絕簽署這份協議，這一族人亟欲建立擁有自主權的高都麗（Kawthoolei）——即吉祥之地。他們拿起槍，對抗「緬甸」（Burma）。翁山將軍在沒解決這問題之前便遇襲而死，也為緬甸留下一道難解之題。

在英國殖民緬甸之前，這塊土地上便存在著由不同族群而建立的「邦國」，如撣邦、克欽邦等等，這些邦國隨著國勢的強弱而變化，邊界略微移動，但托山川天然屏障之福，從未有一個族群吞沒另一個族群的事。位居平原精華地的是緬族，他們人數眾多，在今日緬甸的族群結構中，便占了三分之二，因此，英國殖民者主要控制緬族，將少數民族畫為「特區」。

不過，緬族足以壓倒山地部族的勢力，總是招致弱勢族群的不滿和怨恨。克倫族便有個創世傳說：「神在創造世界時，灑了三把土，一把變成緬族，一把變成克倫，另一把是外國人。克倫族因為喋喋不休，讓神以為克倫人太多，所以多灑半把土給緬族，緬族因此取得優勢，征服克倫，並壓迫他們。」

翁山將軍指揮獨立運動期間，克倫族對緬族的怨恨達到最高點。和印尼建國領袖蘇卡諾一樣，翁山一開始也信服日本人「建立亞洲人的亞洲」口號，因而與日本合作。但是受英國傳教士影響甚深的克倫族親英，他們和翁山敵對，於是，翁山領導的緬族便凌虐和殺害克倫族加以報復。

「這麼多克倫族人被殺害、這麼多克倫族村落被掠奪，怎麼可能有人期待克倫族信任緬族？發生這些事後，誰還真的認為我們會相信仰光的緬甸政府？」克倫族領袖蘇達丁（Saw Tha Din）對馬丁．史密斯（Martin Smith）這麼說。在《緬甸——叛亂和種族政治》一書中，馬丁．史密斯寫到：「殖民者最先剝奪的是當地人的歷史。一九五八年一月四日誕生的緬甸共和國，和過去的任何種族或國家，鮮有相同處。」

克倫人的抗爭在一九六二年再次遇到命運關卡。這一年，軍事將領尼溫（Ne Win）發動政變，奪取政權，進行獨裁統治，否決了少數民族的自治權決議，並推行緬甸同化政策，企圖將少數族群文化連根拔除。軍政府不僅武力掃蕩少數民族所在地，甚至縱容軍人強暴婦女，好「種族清洗」——種種罪惡行徑透過逃難出來的少數民族而揭露於世，而抵抗最力的克倫族和軍政府之間的仇恨最高，衝突也最烈，於是不得不逃。一九八四年，克倫人首度大規模穿越國界逃難來泰國，只有部分被收容在難民營，其餘百萬人則藏身在泰緬交界的叢林間，因為泰國政府聽到槍聲時會讓他們過來躲避，但戰爭一旦平息，又會要求他們回去，所以大多數難民都躲在叢林裡，夾在少數民族武裝部隊和緬甸軍政府的戰火裡生存。而那些逃難到異邦的克倫人，也無法從此安下心，因為緬甸政府軍隊仍然不時地摸黑過河，攻擊難民營。

賴樹盛提到一個克倫族菁英的故事：他的父母是公職人員，推崇緬甸政權，但當他獲知自己因克倫族的身分而未能分發到醫學院時，便開始反思族群問題，最終放棄學業投身反政府運動。他不停出入牢獄，最後只得避走他鄉，進入叢林，並加入了克倫獨立國武裝部隊，大半生都和死神搏鬥著。一次在泰國克倫人的協助下，他來到了泰國，躺在醫院裡休養期間，恰巧遇到皇太后巡視邊境，幸運取得居留權，不過然而，卻得用三個條件來交換：不能碰毒品、不能違反法律，不能碰政治，否則要驅逐出境。

因此，當我們在美索討論著「緬甸難民」時，總顯得尷尬。如果克倫族不承認他們是緬甸人，那麼他僅僅是克倫人，不屬於這世上任何一個既有的國家——他們雖然擁有自己的憲法和議會，也曾組成了克倫國家聯邦（KNU），但一九九五年，緬甸軍強力摧毀了克倫族在緬甸境內的自治團體後，克倫人的軍事和政治勢力也退守到泰國境內，他們只能在別人的土地上，建立屬於自己的小自治體。

並非所有的克倫人都反政府，一部分信仰佛教的克倫族人還留在緬甸，是「緬甸人」。一九九四年底，克倫民主佛教軍從KNU中分裂出去，隔年和軍政府簽訂停戰協議以換取自治區域，他們時而配合軍政府攻打KNU聯盟，甚至越境偷襲難民營。前幾年，軍政府繼續加強分化，收納部分克倫佛教軍為邊防部隊，使得克倫人內部衝突更加劇烈，也製造了更多的邊境難民。

在該地拍片的台灣攝影師小葉則告訴我另一個緬甸境內克倫族朋友的故事：他們的村子在克倫反抗軍聚集地與緬甸人村莊之間，緬甸軍常進他們村子，攻擊「他們克倫人」，而克倫軍又因為「他們是緬甸人」而亂打一通。因此，不管那一方，都有權力，把他們村子打得七零八落不敢吭聲。在敵人的眼裡，他們都是邊界的另一方，他們是逃不了的難民。

——

最大一波難民潮源於一九八八年的八八學運，那一年，緬甸軍政府強勢鎮壓異議浪潮，關閉學校，大肆追捕學生運動參與者，大多數知識分子死的死，入獄的入獄，逃的逃，但泰緬邊境仍聚集著一批死裡逃生，卻又不放棄的青年。

就讀動物系的 Min Min 也是因為參加學生運動，而成為軍政府的眼中釘。他在遊行中被逮捕，關了五年半才被釋放，但學校再也回不去了，生活也屢被刁難，只好逃到泰國。藉著在梅道診所（Mae Tao Clinic）工作的身分，他在泰國得到喘息的空間。

梅道診所是由辛西雅醫生（Dr. Cynthia）創辦的，當年她親見學生被緬甸軍政府血腥鎮壓，於是帶著幾件襯衫、一些治療瘧疾藥品與醫學書籍，自告奮勇隨著學生來到美索鎮，提供流亡學生醫療協助，沒想到一待就是二十年。她在這個小鎮上除了照顧難民，也訓練非醫學科班出身的服務隊。辛西雅在美索鎮服務多年，和她所關心的難民一樣，都未取得泰國公民身分。

Min Min 就是服務隊的成員。但這種不具合法的工作身分，讓他只能依靠學生組織（All Burma Federation of Student Union，簡稱 ABFSU）支援生活所需，也因為能得到的支援不多，日子過得很辛苦，但他甘之如飴，繼續和這些流亡海外的緬甸學生或是海外求學的緬甸學生，透過網路、組織，結合在一起，為緬甸民主化、恢復人權等理念而努力。

我們是在美索市場附近的一間移工小學認識 Min Min 的，當時他正專心地擔任三合一疫苗注射的助手，並為來自荷蘭的志工醫師製作紀錄片。這間移工小學藏身在一個小吃店的頂樓，藉著鐵欄杆和鐵皮遮擋，勉強是個教室模樣，在我們這些台灣人眼中看來，二百位學童擠身在這簡陋的麵攤屋頂樣子，頗像小學時代偷偷補習的導師家。

但這裡當然不是台灣私營的小補習班。從一樓小吃攤到三樓教室，都掛上翁山蘇姬的肖像和緬甸國旗，而克倫國旗與克倫國父 Saw Ba Oo 的照片，也和泰皇肖像及泰國國旗並列在教室的牆上，濃濃政治味飄散在學童的學習空間裡，那一刻，我突然覺得台灣孩子所面臨的政治認同問題，簡直像小學算式一般，算不了什麼。

「你怎麼和你的家人聯絡呢？怎麼知道他們現在的情況呢？」工作結束後，我們約Min Min一起喝茶聊天，在梅道診所外頭的冰飲店，我丟出了這個問題，話到嘴邊，淚珠也跟著到了眼角，我以為Min Min聽到家人也會感傷，不料他仍是笑笑著說：「透過朋友居中傳遞消息。」我頓時覺得自己的眼淚有點輕浮和廉價。

聊起那段在監獄裡的日子，Min Min的語氣仍是誠懇輕柔的，他說自己曾被刑求、被打、被銬著腳鐐，而他仍有不少朋友還在牢裡，自己算是幸運的了。「我喜歡在牢裡的日子，因為大家理念相同，談得來，可以分享感受。大家都是一夥的。」想起那段相濡以沫的時光，Min Min才能對痛苦釋懷。

問他為什麼英文這麼好，他又笑笑說：「在牢裡學的啊，很多人懂很多語言，因為沒事做，會相互學習。」他說，他們在牢裡雖然被隔離著，但可以大聲交談，卻也因為大聲說話，又挨來一陣打。

「你恨他們嗎？」顯然朋友也對Min Min的淡然以對不解，他終於扯下笑容，一臉認真：「我不恨他們，他們都是在那個結構之下的一員，做著他們的工作，沒辦法啊。」

故事聽來感傷，但在他平和的面容前，我只能低頭假裝啜飲酸酸的檸檬汁，心裡也酸酸的。

像這類的故事在許多地方都有，相互攻擊之中，人民的聲音被戰火遮蔽，傳不出去，當然也傳不到我那不識邊界、貧於探索世界的家國。

聊到最後，Min Min 突然轉頭問我：「你們的總統是誰？還是陳水扁嗎？」我嚇了一跳，心想：「你竟然能關注到我們國家的事情。」據說，緬甸軍政府之所以囂張，是因為中國可以讓他們「靠勢」，這些學生或期望緬甸民主化的人，都會搜尋和中國抗衡的盟友，例如台灣，因而對台灣很了解。

「台灣也有相同的歷史，但現在已經有民主的基礎了。」我想鼓勵他，要有信心，Min Min 知道我的心意，點點了頭。「我們期盼緬甸可以民主，你可以回家。We support you。」聽到這句話，Min Min 笑開了說：「等我能夠回到緬甸，歡迎你們來緬甸拜訪我。」

新加坡

馬來之海中的華人島嶼

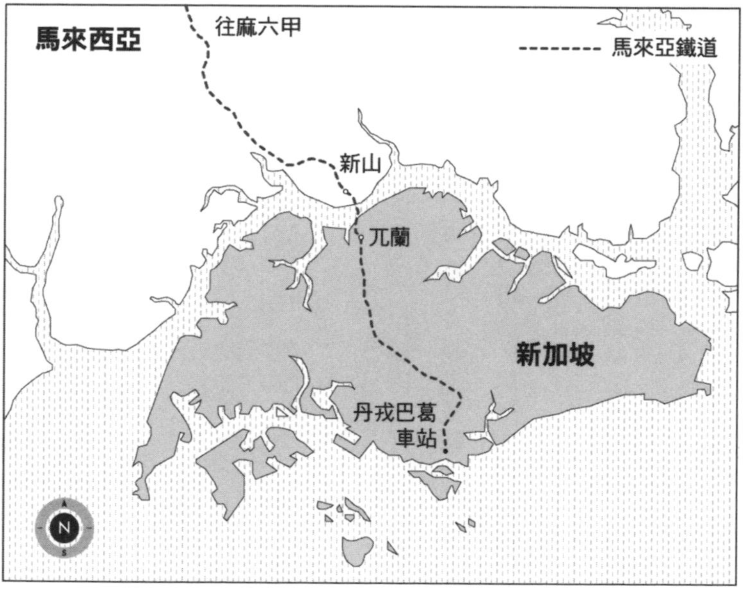

半夜一點，我在淡邊（Tampin）準備搭火車南下。這是二〇一〇年的初夏，我從馬來西亞搭火車進入新加坡，這是我第一次藉著火車穿越國界。

我的馬來西亞華人朋友，都沒搭過境內火車，因為太慢。從麻六甲到新加坡，搭乘巴士只需兩個小時，火車不僅票價貴，還得耗時四到五個小時，怎麼都不划算。只有我這種貪愛嘗鮮的外國旅客，才不懂計較。

淡邊是離麻六甲（Melaka）最近的火車站，約有三十八公里路程。從熱鬧的麻六甲搭上巴士前往淡邊時，夜色已經黑了，只覺車越往前，夜越深，路越荒涼，當公車開進了空曠的終點站時，車上只剩下我一人，火車站卻依舊不見蹤影。馬來司機認真地比手畫腳，卻始終說明不清，最後乾脆將我推上了輛計程車，計程車又往更荒涼的方向開了一段，轉進一片漆黑樹叢中，我才終於聽得一些嘈雜人聲，看到暗黃的光亮。淡邊火車站到了。

但我仍不敢相信這是一個火車站，因為這個車站，連個門都沒有，只有一個月台和售票亭，還有幾個乘客靠在椅子上，沒有焦慮心急等車的樣貌。儘管我已經在售票口買到車票，確認這是搭車月台，但仍揣著不安，總覺自己走錯地方。

深夜寂寥，為了打發時間，乘客大多抬頭望著電視，此時螢幕內正演著一個帶點驚悚氣氛的肥皂劇：一個女人為了圖謀財產綁架了另一個女人，並想要殺掉她。那扭動面孔的誇張，以及大動作的巴掌，像極台灣始終不退燒的本土連續劇，不只當地乘客目不轉睛，連我這個聽不懂的外國人都看得津津有味。

劇情正來到高潮，惡女的詭計可能會被揭穿時，火車轟鳴進站，打斷了我們的興致。揹起行李，我隨著其他乘客上車。

我買的是普通臥鋪，車廂狹窄，兩邊直列著上下床位，勉強空出一個剛好走人的走道。車廂內安靜地躺著早先上站的乘客，暗黑一片，我摸索到自己的舖位，將隨身包包丟上床，攀梯而上，床位狹小，我得稍稍將腿蜷起，才能將自己塞進去。

噠噠火車聲催我入眠，夢鄉還未進，床簾就被掀起，列車長發出我無法辨識的音節，不知叫喚著什麼。我只能坐起，觀望四周的反應。穿著制服的移民官來到我面前，翻了我的護照，啪地抽走夾在其中的出境卡，蓋了章。我的腳雖然沒離開我的床，但這一刻，在意義上，我已經離開馬來西亞。

這裡是新山，馬來亞鐵道在馬來西亞國境內的最後一站。

新山隔著柔佛海峽和新加坡兀蘭相望，是個幾乎仰賴新加坡而生的邊境城市。每天清晨天還未亮，連接兩國的新柔長堤就擠滿了通勤的學生和上班族，他們忍受著通關耗時跨界到新加坡受教或謀職。每週有五天早晨，人流往彼方湧入，傍晚時，則有反方向而來的人潮；但周末，車流逆轉：新加坡的人跨越國界，來到新山購買較為便宜的民生用品，新山只有這兩天熱鬧，找不到停車位。

因此，新山和其他國家帶點邊緣的邊境城市不同，因依附新加坡成為馬來西亞第二大城；又因為地緣關係，使得新山就像是新加坡的衛星城市般存在——居民觀看的不是馬來西亞的節目和新聞，而是新加坡電視台的節目和新聞報導。

我在火車的床上想起了馬來西亞朋友吳欣怡正是新山人，她的父親年輕時獨自由北馬搭車來到新加坡工作，邂逅了同樣來自馬來西亞的妻子，組成一個家庭。但新加坡的物價高昂，養不起一個家，他們又走過新柔長堤，回到馬來西亞，定居新山。

「我這個新山人，不論生理上或心理上，都屬邊緣。」和一群留台的馬來西亞朋友在台北聚會時，我發覺吳欣怡對流行文化和訊息的認識，別於其他人，甚至對馬來西亞認同也顯得薄弱，她總對我感嘆說道，新山人不但無法和其他馬來西亞人分享同樣的流行文化和訊息，也因為處在國境之南，讓他們心理益發遙遠。他們雖慶賀著馬來西亞國慶，但新加坡國慶典禮的歡喜喧鬧，離他們更近，感受也更直接；跨過新柔長堤的那個國家，有著更多華人，也有著自己的親人，他們在兩個國家的邊緣，感受著國界劃開後的卻依然相連的世界，就和新柔長堤連結彼此一樣。

新加坡和馬來西亞原為一個國家。在脫離英國殖民統治的前提下，新加坡領導人李光耀認為取得「自治」比「獨立」來得容易，因而同意新加坡加入馬來聯邦，除此之外，他也清楚，新加坡這個資源貧瘠的小島，根本不可能獨立生存，於是以經濟理由說服人民：「聯邦是新加坡的腹地，它生產樹膠和錫，使我們的轉口貿易經濟能夠運轉。聯邦這個腹地使新加坡成為一個大城市，沒有這個經濟腹地，新加坡就不能生存。」

不過，馬來西亞首相東姑阿布都拉曼一心想建立個「馬來人的馬來西亞」，對於華人數量眾多的新加坡加入聯邦，原就心不甘情不願，但為了獨立之時的協議，也得吞牙忍受，只是忍不了兩三年，東姑便以族群衝突日益嚴重為由，要求新加坡退出。

一九六五年八月九日，原該是一個普通星期一的早晨，廣播如同以往傳送著輕盈優美的流行樂曲，卻突然被一份莊嚴的獨立宣言打斷——這份僅僅九十字的宣言，改變了新加坡和馬來西亞人的生活。

新加坡是被強迫獨立的。李光耀在記者會中宣布此事時，還情緒激動落了淚，他擔心這麼一個沒有天然資源的彈丸小島，究竟該怎麼面向未來？他在回憶錄中直言：「我們眼前困難重重，生存機會非常渺茫。新加坡不是個自然形成的國家，而是人為的。它原是個貿易站，英國把這個貿易站發展成為它全球性的海上帝國的一個樞紐。我們把它繼承過來，卻沒有腹地，就像心臟少了軀體一樣。」

李光耀對新加坡獨立的擔憂，有一部分被這個連結兩岸的長堤解決了。建於一九二三年的新柔長堤，不但有人行道、車道和鐵道等多種用途，提供新加坡所用的水管也是沿著這個長堤，將水注入這個花園城市，像血管一樣。但是這個英國人製造的長堤過於老舊，除了陸用，無法通航，船隻無法在橋下行過，因而像個水泥夯實成的陸地，細密地固著著兩岸。這條長堤以及水管對新加坡如此重要，以至於每回馬來西亞政府不滿時，總以切斷長堤和用水來恐嚇新加坡，這也逼得新加坡不得不自行尋找其他水資源。

當初李光耀因為經濟問題而加入聯邦，但他當時不會想到的是，正因為這種困境，讓他和新加坡非得絕處求生，激發這個彈丸小島發展成世界皆知的花園城市，名列亞洲四小龍之一。如今，新加坡反過來成為馬來西亞的經濟幫浦，提供工作機會和消費力，我所搭乘的這輛火車上，多是往來兩國的新馬人民，為了工作，為了經商。

天未亮，窗未白，乘客們跳上床位拉上床簾，我也繼續闔眼。在迷迷糊糊之間，火車駛過了柔佛海峽，在新加坡兀蘭停下。鈴聲和廣播聲催促我們下車，這次，是入境。

如同機場入境程序，我們得先過X光掃瞄機，再排隊過關。

「這本護照和中國護照長得不同，你要看清楚，這是台灣護照。」眼前的驗證官在旁叮嚀著新進人員，原本睡眼惺忪的我眼睛頓時睜大。

資深移民官不停指導：「台灣旅客入境新加坡不需要簽證，但第一次入境的話要填資料。」年輕的移民官忙著在表格上畫東畫西，在國籍那一欄寫下了「台灣」後，交由我簽名，「歡迎來到新加坡。」

我微笑點頭回應他們的禮貌和細心。但也忍不住想起，我在國界的另一邊訂車票時，只能在馬來西亞鐵路局網站上點選「中國的台灣省」。

——

列車的終點站丹戎巴葛（Tanjong Pagar）到了。我下了車，忍不住注意到月台邊的小吃店註記著馬幣寫著馬來文，走到車站大廳，仍有置身馬來西亞的感覺。後來我才知道，這個在地圖上位處新加坡市中心的車站，屬於馬來西亞所有，換句話說，只要我還在車站，便仍處在馬來西亞國境之內。

不僅僅是這個車站，連剛走過的月台和鐵軌，都是馬來西亞的。馬來西亞和新加坡形狀關係就像是驚嘆號底下帶著圓點，不料，這個圓點的中心還有一個小圓點是馬來西亞。

馬來亞鐵道有東西兩條線，西線從泰馬邊界的巴東勿剎（Padang Besar）開始，東線由邊界吉蘭丹省的道北（Tumpat）開始往南延伸，兩條線在淡邊南方的金馬士（Gemas）交會後，往南到新加坡的丹戎巴葛，幾乎貫穿了馬來半島。和亞洲其他國家的鐵路相同，馬來亞鐵道百年歷史是由殖民者植下的：一八八五年，英國殖民政府為了運輸錫礦，從太平到文德港（Port Weld）建造一條十三公里長的鐵路，連結泰國和新加坡的鐵道線從此開展。新加坡獨立後，根據協議，這條鐵路仍然保留著，而丹戎巴葛這座車站仍為馬來西亞關稅和移民事務所用。

因此，這個一九三二年建造的火車站像國中之國一樣地存在，忙著接送每日往返大馬的列車：三列往返於新加坡和吉隆坡之間，有四趟列車往返金馬士。另外，每週還開行四至五趟貨運列車。但是，從馬來西亞南下的列車，直直地穿過新加坡國土，甚至停在它們的心腹位置上。對發展成國際大都市的新加坡來說，這段攔腰穿過的土地，讓他們在都市規畫上，簡直不知如何是好。

走出這個車站時，正值城市人們仍貪在被窩中的周日早晨，但太陽已經全力衝刺，刺得我眼睛睜不開，一時失去方向的我，也不知如何是好。

此時，我見到一位背包上別著國旗的台灣男孩，連忙過去和他共乘一部計乘車。上了車，司機見我們遠從台灣來，便以「滔滔不絕」之姿歡迎我們，男孩將頭別過窗外，我只好扮演捧場者，將頭探到駕駛座，專心聆聽並辨識這滿口的廣東腔華語，從他數落北方鄰居如何「不講理」之中，我才約略了解馬來西亞和新加坡之間的心結鬥爭：「這個車站在新加坡的市中心，現在兩個國家要聯合成立公司開發，股權分配也是馬來西亞六成，新加坡四成。但這是在我們土地上啊！」

我這才知道，新馬兩國政府在這一年達成協議：新加坡以市中心同等面積的土地換取新加坡鐵路的土地，隔年（二〇一一）七月，這座車站就走入歷史了。這代表新馬之間一個重要的死結，也被解開了。

一九九〇年，李光耀卸下總理職務之前，便很想解決丹戎巴葛的問題。過去，毒販時常從新山搭火車進新加坡的途中，將毒品往窗外丟給同夥，讓新加坡政府深感困擾，所以，極希望將關稅和移民辦事處搬到兀蘭，在火車一進到新加坡時，就能立刻檢查乘客，然而，這也意味著，乘客將可搭乘新加坡的公共交通工具進城，不再需要火車，那麼，根據法律，鐵路經過的土地就得還給新加坡。怕馬來西亞不願意，李光耀以「聯合開發土地」的提議，換取在兀蘭設置關卡的改變。當時馬來西亞總理馬哈迪雖也認為以兀蘭作為檢疫、海關和移民站是最好，但由於兩國長期不和，馬來西亞政府態度於是反反覆覆，不積極解決。

這兩個國家的關係，時而競爭、時而合作又時而爭論的波動著。但作為一個外國人，在這短短的旅程中，我無法感覺什麼大問題，只覺天氣好熱，街道太乾淨，而計程車司機依然喋喋不休。

「你們覺得阿扁有罪嗎？」二〇一〇年國民黨重新執政已經兩年，阿扁早不是總統了，卻仍然是我旅行東南亞時的「台灣熱點」，連到了新加坡都還得遇上「阿扁問題」，我只能無奈聳聳肩，嗯嗯應付個兩聲。司機持續發表他對台灣政治的意見，他的廣東口音讓我錯以為在中國，中國的計程車司機也熱中發表他們對台灣局勢的關心。

「他貪污的錢，是進新加坡戶頭。」原來這位大叔的重點是要批評新加坡也沒多好，給予他人犯罪的空間。當司機開始從李登輝開始論起新台兩國關係，乃至兩岸關係時，我已經不知道神遊到哪裡去，我沒有自己想像的那麼喜歡聽到別人談論自己的國家，不過，他這一談起，我方才想到，自一九四九年，國共分裂後，兩岸官方代表第一次坐下來會談，就是在新加坡。

一九九三年四月，台灣的海基會董事長辜振甫以及中國海協會代表汪道涵，在李光耀的聯繫和牽線下，在新加坡會晤，雖只討論掛號文書、通郵等簡單技術性問題，但在封閉且隔閡許久的兩岸關係發展上，已是相當大突破。而這也是因為李光耀和兩岸政府都有交情和聯繫所致，那多半也是因為他是個華人。

李光耀是個客家人。他的曾祖父李沐文十九世紀初便從廣東乘著帆船來到新加坡工作，那時新加坡已經開埠，英國以自由港形式引進大量華人移工，讓這個落於馬來半島之下的小島，人口由十九世紀初的二百餘人大量增加，直到二十世紀初，新加坡華人數量便將近四十萬，而李沐文來到新加坡時，此地也正式和麻六甲一起併入檳榔嶼（檳城）成為英國的「海峽殖民地」。在這裡辛勤工作的李沐文很快賺到許多錢，如同當時許多華工還鄉一般，回到中國蓋起大宅院，轉而成為士紳，但從此，李家接著幾代，都是擁有英國國籍的新加坡人。受英式教育的李光耀在留學英國時，遇上了留學的中國學生，才意識到文化失落的程度——他以非母語受教育，卻沒有全盤接受不屬於自己文化的價值觀，而在兩個文化的世界中迷失了。

不過，新加坡獨立後，儘管國內有四分之三強的華人族群，看起來是個「華人國家」，但李光耀卻將馬來語定為官方語言，英語則是第一語言，只因他相當清楚新加坡鄰近馬來西亞和印尼等國家，是位在一億多馬來印尼穆斯林人口所居住的三萬個島嶼裡的「華人島嶼」，等於是「生存在馬來之海中」，必須考量到因歷史文化產生的多元族群結構，不可能發展成單一族群國家。

這個計程車司機，便能說著英語、華語和馬來語，他還能說著廣東話，只是，不免也感嘆年輕一代都遺忘了「家鄉話」。李光耀為了發展新加坡的英語和華語教育，曾一度嚴格禁止新加坡人說方言，於是，那些「鄉音」慢慢轉成我們都熟悉的「新加坡語」——一種略帶腔調又夾雜英文的華語說法。如果語言代表某種文化認同，那麼，發展出語言變體的新加坡，就是很好的實例了。

車子停在接近地鐵紐頓站附近的一個安靜社區前，我將和新加坡朋友馬德蓮見面，而她，恐怕是少數還能將家鄉話說得流利的新加坡年輕人了。

馬德蓮是我在印尼認識的朋友，她不帶腔調的華語和英語都曾讓我吃驚，但最讓我佩服的是，她連福建話和廣東話都說得好。她是福建移民第三代，民國初年的戰禍逼使老人家逃到新加坡至今，在心裡上和生活上，祖父母都已脫離家鄉，也自認為是新加坡人了，不過她們社區裡的婆婆媽媽，卻不論祖籍哪裡，都喜歡看台灣的連續劇，每天固定交換心得，「或許，因為那是她們熟悉的語言。」

「年輕一代，也都會說廣東話。」馬德蓮笑說，那和祖籍出生無關，僅僅是迷戀香港的流行文化而已，她和朋友們都極愛聽香港流行音樂、看香港電影和連續劇，因而學會了一口流利粵語。我那些馬來西亞朋友也相同，當我們一同去KTV時，他們一定點了一連串廣東歌曲，也會分享對香港影劇的觀賞心得。即便整個大馬來地區分成幾個國家，但年輕華人卻擁抱著共同的港台流行文化。

我和馬德蓮沿著馬路走，整個城市像是被假日的慵懶擁抱一般，仍然安安靜靜的，一棟棟方整的住樓井然有序往前延伸，這些大多是政府分配給新加坡人的住房。「在我們這個亞洲社會，父母總希望子女的人生起點比自己好，比自己強。由於所有新加坡人都是移民，他們渴望自己和子女的生活能有保障，擁有資產而不是給予福利照顧，是讓人民有權自行決定自己的錢該怎麼花，並負起這個責任。」我想起李光耀在回憶錄裡提到這個政策是基於「社會穩定」，也是考量到亞洲人的社會現實。

如同這些道路、住房給人感覺一般，分寸有序、執法嚴厲，是世人對新加坡最深的印象。不知道為何，包含日本人的潔癖在內，這樣的「規矩」始終讓我有種精神壓力，當我站在這個城市的地鐵站內，望著四周的監視器，總是很緊張，彷彿我隨時都可能觸法，成為這個國家的敵人。

地鐵站內的螢幕也是這麼告訴我的：「請小心你身邊的陌生人，他可能是恐怖分子。」像無菌室一般，新加坡擔心那些外來的飛塵和污泥，保持警覺著，但新加坡移工和移民的條件，卻比台灣寬容。「這個國家，移工和移民已經漸漸成為主體了。」馬德蓮說，新加坡有八十萬名移工，幾乎由支撐著這個國家的運轉，根據二〇一〇年這一年的統計，二十年內，移民新加坡的中國人，會有六十萬人，而新加坡也確實需要移民來補足人口和低出生率。

就和現在所有新加坡人的祖輩一樣，一代又一代的移工和移民，就這麼在這個麻六甲海峽南灣的小島上，追逐一個花園城市的夢想。

第二部

歷史的迷途

沖繩
是不是日本人？

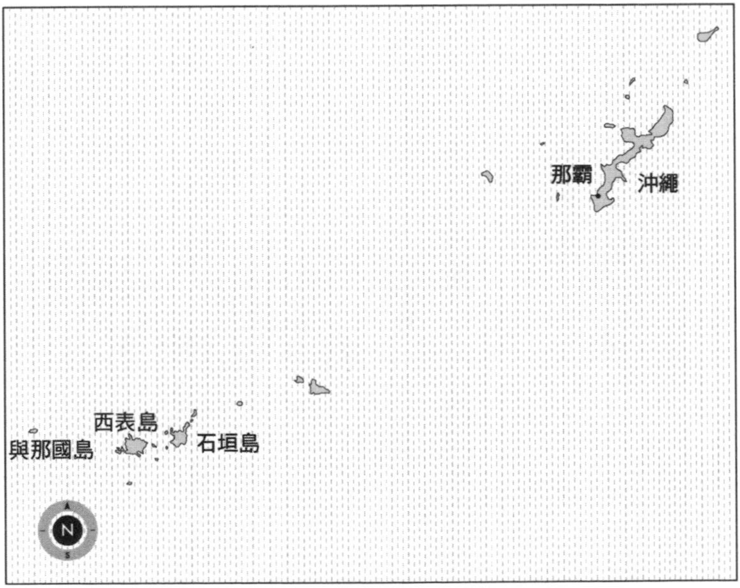

二〇一〇年，結束一場沖繩旅行後，來自沖繩的比嘉夫婦、外間小姐和我約在台北六條通的一家日本食堂吃飯，討論我的沖繩之旅，同時交換自己對故鄉的記憶。餐廳的老闆安里也是沖繩人。

六條通位於中山北路和新生北路之間，這一塊區域昔日被稱為大正町，曾是日治時期行政官員的宿舍所在，「通」（とおり）在日文中是「路」的意思，保有舊稱即表示保有舊日風情，此地聚集了許多日本料理和酒吧，成為日本商務人士和旅客來台北最常到訪之處，當然也吸引許多在台定居的日本人——包括沖繩人——在此開業。這裡，也是比嘉一解鄉愁的小天地。

比嘉來台灣多年，平時帶著點日本人慣有的客氣和拘謹，但幾杯黃湯入喉，轉換母語暢談時，就顯現出南國的熱情豪邁。「我在台北圖書館惡補些歷史，才了解台日之間的糾葛，哎呀，我的國家真是做了很多不好的事啊。」留著短髭的比嘉摸了摸頭頂，順著短髮轉了一圈，表情歉然。比嘉多年前和台灣姑娘結婚後，從此在這個南方島國定居下來，但此前，他對台灣一無所知。

「我們的教科書多是介紹中國的歷史和地理，沒有介紹台灣。不過，我覺得和台灣感覺很近，很想認識它。」外間小姐呼應著比嘉的話題。她二十出頭，修讀國際關係，同樣來自沖繩，個性熱情爽朗直接，為了精進中文，進而申請來台灣教書。剛來不久，人生地不熟，基於同鄉情誼，比嘉也邀請她 同聚餐，他們以中日文交雜為我解釋沖繩的故事，儘管時而溝通出現障礙，反顯趣味，用餐氣氛一直高昂。

「你知道嗎？台灣飛到沖繩那霸的飛機上，目的地寫的是琉球喔。好有趣喔。」外間突然想起什麼似地，大聲說。

「什麼？太誇張。」我心裡有些不以為然，想著怎麼台灣之於沖繩，還挪用過往的「藩屬關係」呢？

沖繩諸島本屬琉球王國，過往是明朝的藩屬，接受明朝冊封，也在明朝幫助下，學到造船技術，得以和東南亞貿易。那霸有個留米村，就是當初這些技術移工的後代。琉球王國的特殊性，曾被日本歷史小說家陳舜臣寫在《琉球之風》裡：「長期受到明朝冊封，透過貿易求利的琉球，在德川家康的侵略下，成了兩大強國之間苟延殘喘的殖民地。」

台灣也是貿易航線的重要轉運站，輪流被西班牙和荷蘭殖民。在這種海權交鋒的時代中，琉球志士夢想著建立南海王國，而流著日本血液的鄭成功則在台灣建立反清復明的基地。但這兩個帝國邊緣的島嶼，就像兩條海上大魚，一個歷史大波浪打過來，讓他們都翻了個身，扭動著背鰭，往另個方向而去。

琉球被納入日本領土後，日本政府下令中止朝貢關係。當時，有個從首里國學到北京國子監讀書的秀才，名叫林世功，偷偷到中國尋求救援，希望力挽局勢，甚至不惜絕食，期盼當時的內閣總理大臣李鴻章出面解決這問題，但談判始終陷入僵局，最後林世功留下絕命詩，自刎身亡。而同樣也是李鴻章簽下馬關條約，讓知識分子留下「孤臣無力可回天」之嘆後，台灣也落入了日本領土。

然而，若非琉球，恐怕清廷始終無法體會到台灣的珍貴，也不會意識到日本的威脅。只是這個歷史波浪，卻是從幾個倒楣的船員漂流到台灣展開的——至少在我的歷史課本中，琉球是這麼「登台」的——它甚至有個名字，叫牡丹社事件。

牡丹社事件是日本第一次對外戰爭，也是後來日本占領台灣，並侵占中國本土的開始。該事件起因於一八七一年一艘因颱風遭難，漂流到台灣東南部的琉球宮古島貢船，船員在語言不通的情況下，慘遭台灣原住民殺害，而倖存者則在當地漢人的協助下乘船回國。一八七三年，日方質問清廷，清廷以「台灣生番係我化外之民，問罪與否，聽憑貴國辦理」為覆，默許日本討伐台灣原住民。隔年，日本陸軍中將西鄉從道率軍登陸，直掃牡丹社等原住民部落。

因為如此，一八七九年，沖繩諸島遭到「琉球處分」，正式成為日本的一部分。這是日本的「試碍」場，在吋吋逼近的經驗中，摸索一條前進中國的道路。台灣在琉球之後，收入了日本的囊袋，這兩條黑潮帶上的島國，在歷史大洋中浮沉、波動，宿命相接相連。

「沖繩有很多台灣的產品。」外間偏頭回想台灣和沖繩的關係，試圖表達台灣對她而言的親切感，「而且，石垣島有非常多台灣人。」她的母親來自石垣島，是八重山群島中人口略多的大島，也是沖繩本島到與那國島的中介站——八重山群島最西邊的與那國島，和台灣之間只有一百一十一公里的距離，天氣晴朗時，甚至可看到浮於海上的中央山脈。

外間所提到的台灣人的故事，明確記載在日本記者松田良孝所寫的《八重山的台灣人》中：他們的祖輩在日治時期或主動或被動到八重山開墾，最後落地生根。這類故事放在台灣的歷史脈絡裡，並不難理解，絕大多數台灣漢人都是依循這樣的路徑從中國大陸來台，只是在政權轉移中，換個方向而去。那是一個沒有國界的時代，人們可自由選擇生存。卻不知，二次大戰後，國際政治的洗牌，讓普通老百姓陷入身分選擇的困難。「明明之前一直被當成日本人，現在卻被說是台灣人，感覺整個人像吊在半空中一樣，真不知該如何是好。」八重山的台灣人這麼說。

現代人幾乎很難想像沒有國界的往來樣貌。從明清到日治時代，島嶼上的人們和海洋裡的魚一樣，洄游往來；日治時代，殖民政府指派沖繩人作為開拓新領土台灣的先鋒，管理台灣人，除此之外，也有許多沖繩人自願到台灣發展，因此，台灣的沖繩人也不少。在基隆，甚至還有個琉球村，是沖繩漁民在基隆外的和平島落戶而成的聚落，早年有五百人之多。

「我也出生在石垣島，我那些捕魚鄉親，常和台灣人往來呢。」當店裡的客人漸漸散去，老闆安里先生終於得空過來，拎著啤酒往沙發一坐，聊起自己和台灣的淵源。他紮著馬尾，穿著花襯衫，一眼就能看得出來沖繩血統——儘管他在台灣工作數十年，同樣在此娶妻生子，早就與台灣人無異。

「為什麼會和台灣人往來呢？」我問。

他笑了笑：沖繩漁民在海上捕魚，遇到颱風需要躲避，都受到台灣漁民的照顧，往來密切，從小，「台灣」這個地名就常出現在他的生活中。

即使地理相近，歷史相親，沖繩和台灣之間的關係對彼此來說，都模模糊糊的。包夾在大國之間，我們都失去了聲音，也遺失了情誼。若以中國大陸為中心看，台灣和沖繩等群島實屬邊緣，從日本群島往南看，這些小島也如海上泡沫一般——這些居處太平洋西緣的列島群，在地理和歷史上，都是過去帝國國界的邊陲，也是當代主權國家的邊緣。

二次大戰後，國際情勢的變動，並未影響台灣與沖繩的關係。沖繩遭盟軍接管，作為反共陣線一部分，蔣介石政府自然與盟軍合作，派出大量技術人員和工人前進沖繩，重建戰火肆虐的諸島。民間也合作、協助鳳梨工廠的營運。

我在沖繩旅行時，曾在那霸市集遇上一個販賣台灣小吃的店家，在異鄉看到故鄉美食，既吃驚又興奮，聊了聊天才知道，店主母親年輕時，從台灣來到沖繩的鳳梨工廠做工，從此待了下來。在台灣的經濟發展故事中，總不缺「隻身拿個公事包到海外接單」的男性身影，但經濟奇蹟的故事裡，女性的角色總是被忽略——實際上，早一九六〇年代到七〇年代間，不管是沖繩本島，還是八重山諸島的鳳梨工廠、甘蔗園以及製糖廠，都有台灣女工的身影。

一九六九年的《朝日新聞周刊》上，一則關於「石垣島上的台灣勞工」的報導便寫著：「五年前我們開始引進台灣女工。基本上，台灣是鳳梨的先進國家。當初只打算技術導入，但八重山當地人手不足，從一開始只引進八十二人次，後來慢慢增加為二百五十人、七百五十人。」換句話說，今日沖繩的觀光風景，有一部分是由台灣人構築的。

比嘉和外間並不知道這些歷史，我也沒有提及，但我們聊起了沖繩的鳳梨田，也聊到了充滿熱帶和亞熱帶風情的東南植物樂園——日本旅遊書刻畫沖繩的「南方風情」時，自然會用日本的方位視角去命名，或許比嘉和外間並不覺得特別，但我，從台灣出發，抵達的是一個位於北方的群島，當我們這些台灣觀光客暢遊東南植物樂園，看著鳳梨、仙人掌等熱帶風情時，其實觀看的都是我們自己——因為我們才是「南方」，卻不由自主跟著日本的視角想像沖繩，儼然是一種想像的錯置。

歷史，總以似曾相識的樣貌成形，現身在不同的社會進程中。台灣鳳梨女工曾補足沖繩技術和勞動力不足的問題，而東南亞移工如今也來填補台灣產業轉型中的勞力大洞。沖繩南方的我們，觀看我們的南方，是否將東南亞女子視為工具而歧視？

芥川文學獎得主目取真俊的作品《魚群記》曾描述那些被蔑稱為「台灣女」的鳳梨

工廠女工污染了村子：「因為她們的糞便裡充滿寄生蟲。」故事中的沖繩男性一邊延續殖民時代日本人對台灣人的歧視，一邊又對皮膚白嫩的台灣女充滿遐想和慾望。而我們又怎麼看待南方的女子？無疑，我們正在複製偏見。

我們都像黑潮帶上的兩條大魚，一條咬著另一條的尾巴，在歷史規律又重複的波浪中，往前進。

——

十五歲時，我第一次出國就是和家人搭著華航來到「琉球」。那霸機場不大，國際航班不多，從台灣起飛的華航班機卻是一天一班的頻率，彼此像是熱切登門的好鄰居。當飛機落地，踏進那霸機場那一刻，因為浪襲而來的陌生語言，我終能將「琉球」和日本連結在一起：琉球屬於日本，原只存在於歷史課本的陳述和死背的考試答案，此刻，相當真實。

但「琉球」真屬於日本嗎？在那一刻，我仍無法辨識日本、琉球與沖繩的關聯性。父親的話語卻浮現腦海——此行，他並未跟隨，送我們出門時，他對我說了個笑話：一位婦人去琉球旅行後，又有人約她出國，說是到okinawa。接著，又有出國機會，這次要到沖繩，婦人疑惑：「為什麼國外哪裡都長得一樣？」這故事嘲弄了台灣人的無知，包含我自己。踏上這座島的這一刻，我僅能推理出來：「牡丹社事件後，這個島成為日本的一部分。」牡丹社事件是剛考完的期末考題，記憶正清晰。

真正的歷史，比教科書複雜許多。旅遊書裡的沖繩，濃濃的熱帶風情，陽光沙灘鳳梨田，音樂舞蹈和三線，事實上卻是個哀愁之地，如同它的天可以又藍又高，但只要有雲，白雲就厚重得像是落了地。

在沖繩留學的台灣導遊，安排的第一個景點便是首里城，這是琉球王朝的都城。當導遊口沫橫飛地說著沖繩和中國的關係，如何受中國影響，乃至於關係無法分隔時，我也體認到歷史課本上細訴日本的「劫取」，也是真實。

這些如同交響樂曲般高昂的歷史解說，在姬百合塔前達到高潮。「沖繩人認為自己不是日本人，他們討厭日本。」導遊的指揮棒，此時舉高，等著觀眾的驚嘆，但他的話語被觀光客的嘈嚷捲進去，倏然消失。希望留下「到此一遊」的快門聲喀嚓喀嚓，蠻橫地切斷了這個讓人愕然屏息的「導覽訊息」。

當時的我是個用功的高中生，喜歡拿著筆，抄啊抄，懵懵懂懂抄下這讓我訝異的話，只覺導遊重重敲了一記木魚，但只敲打在我的頭上，木魚收起後，我仍不知沖繩人為何不當自己是日本人，直至長大才有思辨和解答的能力，並在二〇一〇年冬天第二次去沖繩時，才對當初那記重搥留下的疼痛感，有著更清楚的體悟。

如果說歷史上的沖繩人曾經在日本和中國之間天人交戰，那麼此時的沖繩人，內心的衝突則來自美國和日本。

姬百合塔是在戰壕上建起的慰靈碑，紀念那些喪生在美軍炮火中的沖繩人，這個美麗的名字則來自那些擔起看護工作的女學生。二次大戰期間，美軍登陸沖繩，和我當時同樣年紀的學生組成了姬百合救護隊，帶著傷兵躲入戰壕內，在戰爭後期，收容患者的戰壕幾乎失能，離開戰壕就等同死亡，戰壕亦成為墳場。姬百合塔，正是這些戰爭受難者的喪生地。

根據美國陸軍部記錄，在這南北長達一百三十公里的細長型沖繩的砲彈戰中，共有六十萬發艦砲砲彈和一百七十六萬發地面砲彈發射而出，在這場三個月之久的「鐵風暴」衝擊後，沖繩遭到徹底破壞，連山都變形了。死亡人數高達十四、五萬，換句話說，整個沖繩每四人就有一人死於戰爭。

沖繩人為誰而戰？他們又是以什麼樣的身分而戰？當他們面對本土的日本人時，總會有那麼些幽微的感嘆：「我們不一樣」。若他們不是日本人，究竟為何犧牲生命，又為了誰犧牲生命？日本作家山崎豐子在《命運之人》中寫道：「我相信在所有的日本人當中，沖繩縣民是最努力付出的，努力想成為最棒的日本國民。」但故事的結局是：戰爭到最後，包含姬百合救護隊在內，沖繩人或被拋棄、自生自滅，或被要求集體自決，那些活下來的沖繩人還得繼續面對沒有休止的命運課題：一紙《舊金山和約》，將沖繩束於美國管轄權下，美國擁有了沖繩的行政權。

許多年後，我才理解導遊讓我困惑的那句話，只是說明沖繩人那被動的國族身分轉變。命運轉變，為這塊土地上留下一道摺痕，人們的記憶因而無法被刷出均勻的漆色，摺痕不時提醒他們的身分：我是誰？為什麼被犧牲的是我？

盟軍占領後，麥克阿瑟曾對記者說：「對美國持有沖繩，我不認為日本人會反對。因為沖繩人不是日本人，並且日本人放棄了戰爭。」

二戰後，為了控制遠東，美國在沖繩建立大量軍事基地，然而，由於美國人的政策及不受法治規範的種種作為，激怒了沖繩人，他們亟欲回歸——回歸日本，不是因為渴望回到祖國懷抱，而是不願再受到殖民凌辱。

山里永吉在《沖繩人的沖繩——日本並非祖國》中便寫著：「距今八十年前的琉球

人絕不會認為自己是日本人，這種說法也許不太恰當。而琉球一般庶民開始意識到自己是日本人的，則是日清戰爭以後的教育力量使然。」歷史上沖繩人曾經出現過認同的改變，如今再次出現。山里認為，在美國的殖民政策下，沖繩人滋生出劣等感，於是在「真想早日成為日本人」的無意識衝動下提倡回歸日本，這是可悲的事，因為回歸日本一事毫無依據。但是，為了抵抗美國殖民，沖繩人別無選擇，是沖繩自己接受了日本認同。

於是，一九五一年，沖繩展開復歸運動，但直至一九七〇年代，佐藤榮作擔任日本首相期間，日本政府才將「沖繩返還」列為重要目標。

一九七一年，美日終於簽定《歸還沖繩協定》，隔年，「沖繩縣」出現在日本行政地圖上。在美國接管前，沖繩人受到日本的差別待遇，甚至成為軍國主義日本的受害者，儘管沖繩人如今仍有邊緣之感，但在國籍上，沖繩人肯定是日本人。

站在姬百合塔前，我的心情沉甸甸的，紀念碑前的鮮花終年盛開，彷彿如此就可延續隕落的璀璨生命。

—

「復歸日本」後的沖繩本島上，至今仍有兩成精華地被美軍基地霸占。從首府那霸沿著五十八號國道往北行走，會看到一路延伸的鐵絲網柵欄，柵欄內是空闊無際的綠茵，草地上豎著的美國星條旗在藍天下飄揚。透過車窗看著方格般的美軍基地，我有種被包夾的窒息感，這或許也是沖繩人壓抑著的兩難：因為殖民的壓迫記憶而反美、反日，但經濟上又脫離不了對「基地消費」和「中央補助」的依賴。接收中央三分之二財政補助的沖繩，失業率也是日本本土的兩倍，「沒有自立能力的沖繩」便在美國、日本兩個國家間的挾持之中。

巴士上，一位留學美國的沖繩女孩對我說，要學好英文才能賺美國人的錢，言外之意是，沖繩依賴美軍基地生存，沖繩人必須掙得美國人的錢。比起日本本土，沖繩和美國的接近是如此理所當然，但對美國的抗拒又同樣天經地義。

在沖繩旅行的那個冬天，當地媒體版面幾乎天天論著普天間軍事基地遷移之事。當我窩在咖啡店裡，靠著字典閱讀當地的報紙時，軍事基地的遷移似乎是茶壺中的風暴那樣沸騰不休，但收起報紙，走出咖啡店，那些方方正正的鉛字竟像幻化一般不在，沖繩人過著自己的日子，平靜的空氣嗅不出一絲絲的矛盾。

七〇年代出生的比嘉就是其一。「美軍在沖繩是很敏感的議題。」我和比嘉討論這些新聞時，他聳聳肩說，儘管沖繩人都覺得不公平，但不能僅僅是反對，「如果美軍離開，很多沖繩人會失業的。」比嘉自認沒有太多的民族糾隔，在他的心裡，他的沖繩是被裝在一個堅固的大盆裡，平穩無波。

但那不表示比嘉對是非沒有感覺。他讀大學時，正是九〇年代，當時，美日關係的負面新聞，將原本壓抑在水壺裡的沖繩社會，煮熱成翻騰不已的沸水，他也參加過許多抗議活動，提到這些故事，都還有些激動。

一九九六年底，美軍在沖繩使用了放射性核子槍彈頭，練習射擊，造成核污染，但日本政府隱瞞了這個消息，直到半年後，這個新聞在美國被爆出來，日本政府才不得不公開承認這件事，原本便不信任日本政府的沖繩人再次受到打擊。隔年，美軍在沖繩強暴虐待婦女的醜聞也傳了出來：一個美軍將沖繩婦女從頭頂上扔出去，落在床上摔壞好多根骨頭。除此之外，還有美國軍機撞上沖繩小學卻不負責賠償等事，都不停地在排美抗日的怒燄上添加柴火。

此時，日本推出「沖繩振興特別措置法」，投入大量資金，要在沖繩推行所謂的「一國兩制」，給予它更大的自主權，自治權。但與此同時，日本國會也強行制定了「美軍駐沖繩法案」，企圖把美軍強駐沖繩變成正式法律，強迫那些不願將土地租給美軍的數千戶沖繩人讓出土地。這一法案，讓沖繩人的憤怒如火燎原，他們不但在故鄉發出怒吼，還聚集了一百位代表在日本國會前抗議。他們穿著傳統的琉球服裝，拿著傳統的樂器三弦和鼓，敲打彈奏，敲出抗議之聲。但最終，日本議會還是強行通過了此法。

「沖繩人至今還活在戰爭裡，」在琉球旅行期間，我總是這麼想著。旅途中，我一直在閱讀大江健三郎的《沖繩筆記》。他眼中的沖繩，一直揹負著戰爭的負擔。

「美國耗百萬鉅資，向越南興師問罪，對遠東安全保障憂心忡忡。但是在過去的台灣征討和今日的越南戰爭中，沖繩均被強加如此『厚意』，被迫拖著政治齒輪中最沉重的負擔。」從某種意義上說，只要美軍基地在，沖繩便是繼續綁在下一個韓戰、越戰的砲火之上。戰爭的恐懼如幽靈，纏繞著這個島嶼。

在一個天藍風清的午後，我來到沖繩的平和祈念資料館。平和祈念資料館內一如外頭般冷清，只有幾個孩子們在兒童閱讀區讀書的聲音。館內的資料，讓人心頭越來越重，在一面白牆前，我駐足停下。牆上的短文吸引了我，我拿出筆記本，細細抄了起來。

每當提及沖繩戰爭真相時，我都覺得世上再也沒有比戰爭來得殘酷、污辱的事了。在這活生生的真實體驗面前，任何人應該都不會再去肯定戰爭美化戰爭吧！挑起戰爭的確實是我們人類，但是，能讓戰爭不發生的，不也是我們人類嗎？戰後以來，我一直認為我們必須仇視一切戰爭，建設個和平的島嶼。這是我們付出太大的代價才得到的、不能動搖的信念。

日本這個大和民族，床頭放著的是武士刀，但沖繩人的床頭放的是三線琴，他們唱歌、跳舞，沒人比他們和平，也無人比他們懂得和平的重要性。沖繩的書店裡，一眼便能看到關於戰爭及控訴戰爭的書擺在最醒目的位置——反對軍國主義、探討沖繩歷史、主張和平，原子彈、慰安婦、南京大屠殺等字眼觸目皆是。我前後到日本旅行近十次，都沒有哪個地方如像沖繩一般，對和平如此渴求，對戰爭如此恐懼。

作為戰爭的受害者，又因國籍相同而同屬加害者，沖繩人或許是最怨恨日本人，但同時也最替日本反省的民族。對沖繩人來說，矛盾無所不在。

「何謂日本人？能不能把自己變成不是那樣日本人的日本人？」大江健三郎在書中一直這麼問著。沖繩的故事在日本的教科書中也被刪去——日本軍人要求沖繩平民「集團自決」的事實，在日本教科書中也銷聲匿跡。大江健三郎記錄下這些被刪去的故事，因而吃上了官司。十一萬沖繩人也在二〇〇七年九月集結在宜野灣海濱公園抗議，要求保留「日軍強制」的字眼，維護歷史真相。隔年，大江健三郎勝訴，但教科書問題依舊未解，這些憤怒至今仍然未滅，難怪書店中，和沖繩相關的歷史中上寫著：「我們不是日本人」。

——

「你是日本人嗎？」在二〇一〇年冬季的沖繩，我有些冒昧地問下榻旅館的櫃檯女子，她笑咪咪的，略黑的皮膚透著南國的陽光：「當然啊。」

我遲疑了一下，點了點頭，目光移到牆上的地圖。

「但是，沖繩有自己的語言喔。」

我笑說知道，「台灣也有許多族群語言，我的母語就是台語。你知道嗎？台語裡面有很多日語喔。」

她睜大眼睛，表示不解。

「因為，日本殖民過台灣，所以有些話也落下了。」

這是句簡單的回答，沒想到引起了她的震驚：「我不知道這件事，日本殖民過台灣？」我想起了過往相遇的日本人的類似反應，於是尷尬地笑了一下。

「我們也被日本殖民過。」在我懊惱自己竟然以為沖繩人應該不同時，她回答道。然後微微一躬身，給我一個簡單的點頭禮，說：「初次見面，請多多指教。」

韓國

北緯三十八度線的悲劇

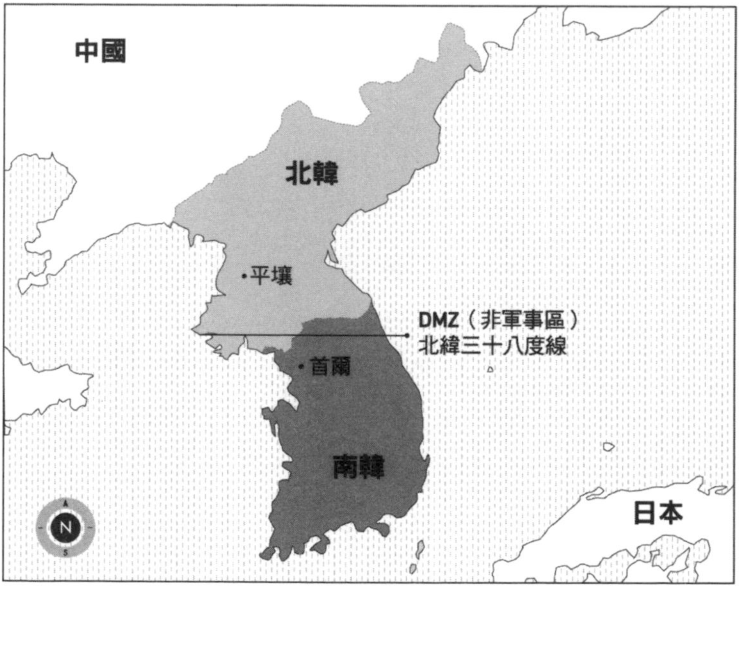

飛機還在跑道上滑行，座位旁的女士們已掏出手機，開機，無意識地在各功能頁間來回觸控，螢幕在靜暗的機艙內閃爍。這不是我第一次到韓國首都首爾，拜科技進步之賜，我從人們的動作節奏中再次感受到這個城市的頻率。

機艙門準備開啟，我身旁的旅客都站在走道上，拿出手機的女士們更搶在門前，待機艙門一開，所有人急速往前衝出，在機場走道上快走，這氣氛催得我也跟著加快腳步，小跑步地「闖關」。手扶梯上帶著行李的西方人則好整以暇，從容不迫地讓出走道給我們這些黃色大軍。

在《型男飛行日記》中，喬治克隆尼主演的企業資遣專家在過安檢關卡時，一定都會排在亞洲人後頭，「跟著亞洲人後面最保險，他們最有效率。」他沒說的是，亞洲驗證官同樣不浪費任何一滴時間，迅速查驗每位旅客的證照和資料，指示他們按下指紋，還不忘留給你一個微笑。所以，同樣跟隨那些急促步伐的我，也很快拿到行李、出了機場、登上機場巴士，穿過半個夜色中的首爾，到了背包客棧。我都還沒走到門前，打工的中國留學生便從窗口以普通話招呼我，遞給我鑰匙，俐落介紹所有服務，五分鐘之內我便躺在自己的床上。

這是此趟旅行的第一天，韓國的「動感」依舊讓我感到訝異。那是他們擁有的빨리빨리（快點！快點！）文化。我突然想起留學法國的朋友瓦礫，他多年沒回台灣，甫一落地，便直嚷著不適應這塊土地——台灣太焦躁。「他們一直不耐煩地踱來踱去，焦躁地盯著行李輸送帶。」他在法國受到不同時間感的洗禮，亞洲的時間對他來說太快。瓦礫對台灣的反思，指引了我看待首爾這個城市的角度，於是當晚透過網路，我對他說：「我開始了解，為何台灣總將韓國當成對手。」

台灣的媒體總三不五時提點我們「輸給韓國」的焦慮，加上難以簡述的仇韓情結，讓大多數台灣人心中面對韓國就像是看著在輸送帶上競走的敵人，誰也不想輸誰。從機艙到海關的短短路程中，我體驗了這種競逐感。

每每和韓國朋友聊起自己的國家，我都會說，「其實我們很像。」都被儒家文化影響、都是日本殖民地、都經歷過威權、也都有白色恐怖，近二十年才得到民主，以經濟拚搏世界地位，好勝爭贏，獲得一點點光彩就被擴大成國家的驕傲，甚至都有曖昧的國家關係，也都不知道如何面對武力強大的鄰居。因而，每當遇見視韓國為最大仇敵的言論時，我都不免想著：「難怪人說，最大的敵人往往是自己。」因為太像，所以，更不能輸。

——

我到首爾的第二晚，申雅英從韓國中部的城市大田開了兩個小時的車專程北上，和我一聚。申雅英是我交往最深的韓國朋友，她的政治立場明確，對兩岸關係不陌生，善於批判，率直敢言，絕無曖昧的空間，我對韓國的認識幾乎都來自於她。每當台灣人對韓國事務有誤解或是批評，我都會想起她。她給了我一雙看韓國的眼睛。

五年不見，時空未曾隔開彼此的距離，我們約莫一年通一兩次信，她寫給我的信，總提到「學習」，見了面話題仍然不改：「你發給我的信，都是繁體，對我來說有些困難，所以我透過軟體翻譯，再查字典瞭解意思。」

「我的英文還不夠好，得更努力一些。」申雅英一邊開車，一邊說，她極度好學，我和我的語言，也是她學習的對象。有回，在我解釋漢語文化圈語言的歷史和差異後，她竟跟我說：「或許，我應該學台語。」

我和申雅英初次相識，是在二〇〇七年初的雲南。那時我第一次踏上中國自助旅行，從小被「萬惡共黨」印象洗腦的我，難免惶惶不安，但這樣的不安，不久後便被青年旅館裡的室友消除。

「你是台灣來的嗎？」看了一眼我的行李掛牌，她跳下床詢問確認。這位略微奇怪的漢語腔調的韓國女孩是交換學生，正在哈爾濱學中文。而後，她取出筆記本，專注地寫下「申雅英」這三個漢字，以及三個字的漢語拼音與韓文寫法。

她也請我也在筆記本上寫下自己的中文名字。

「哇，這怎麼唸啊？」正在學習簡體字的她，看著我的名字，也認不出這幾個字。我笑說名字難讀寫，連台灣人也少有人能判讀，但她仍倔強地要我詳細說明，「因為我想學會繁體字。」申雅英的偶像是張惠妹，她嚮往台灣，一心想來台灣聽阿妹演唱會。

為了學好中文，她為自己製造許多親近中文的機會，從大眾讀物到流行音樂，甚至是中文連續劇，自然而然便熟悉了「台灣」，「比起中國的作品，台灣連續劇和音樂質感都高。」

申雅英對台灣好奇，對兩岸好奇，也對中國和其周邊國家民族的事物都好奇。我們一起吃飯時，她神秘地從包包裡拿出一本書讓我看一眼：「達賴喇嘛的韓文書。」書封用牛皮紙包著，她眨了一下眼提醒我：「在中國看這種書會有麻煩的。」

「可是，是韓文啊。」我不解。她搖頭，說我初到中國，所以不懂。和我相比，她自認更熟悉這個國家。在她面前，我只是個遠道而來的「客人」。

儘管這是我第一次到中國旅行，還是第一天，但我自覺應該比這個外國人更容易在這裡生活旅行，畢竟我能說漢語又「熟悉」中國，於是脫口而出：「最起碼我們都是『中國人』啊（We are Chinese）。」我刻意使用了英文。

「才不是（No, you are not）。」這個韓國的嗆辣小妞幾乎跳了起來，口吻堅決：「台灣是個主權獨立的國家，這個連我們的教科書都有寫。」為了證明所言為真，她跑到飯館裡其他韓國觀光客面前，請對方也表示意見，被詢問的男性儘管一臉困惑，但也點頭稱是。

這次見面，我們不免再次談及。她對曾經說過的話略感遲疑，「我想我的歷史教育應該和你們一樣，中華民國是中國第一個現代國家，因為日本侵略和國共內戰，後來蔣介石跑到台灣。」和在雲南的直言相比，她的話顯得小心翼翼：「儘管我堅定認為台灣是個國家，但我不能代表所有韓國人的看法。有些人不能夠區分台灣和中國，他們甚至連韓國和台灣斷交這件事都不清楚。」

台韓斷交之前，韓國人對台灣人和大陸人的認知，可以從一款類似大富翁的桌上遊戲中看出。這款遊戲是一九八二年推出的，遊戲中有一張牌印著中華民國國旗，牌面的介紹文字寫著，這是「位於韓國東南方的一個島國」，也是「自由中國」。這款韓國遊戲反映出韓國人以「兩個韓國」的經驗來理解兩岸關係。

在韓國人看來，南北韓是同一國，沒有所謂兩國的問題，自由中國的說法對應的是自由的韓國，簡單說，就是剛好北方領土被一個共產政權控制而已。韓國發行的地圖，也沒有所謂的國界或是任何的分界線，北緯三十八度只是假想的停戰線而已，在韓國人眼中，整個朝鮮半島都是一個國家。

這款遊戲出版時，台灣和韓國尚未斷交，中國才剛改革開放，共產主義色彩仍然濃烈。當時台灣和韓國都屬美國援助的「民主陣線」，國內仍籠罩在威權統治中，直到民主運動萌發，在國家認同和政治上才有混沌的氣氛。而到了我和申雅英這一代，對兩韓關係與國家的看法已經不同——統一不是選項，也絕不可能。

「有一些韓國人認為，有一天北韓（朝鮮）會垮台，南北韓不應該統一，他們甚至認為總有一天，北韓會成為中國的一個省。」申雅英說。這一看法我之前在參加亞洲記者聚會時，也聽過與我們同世代的韓國記者 Kim 說過：「我不認為南北韓有可能統一，很多人也都不報這種希望，如果有一天兩韓問題能解決，恐怕北韓也早成為中國的屬地了吧。」他輕聲地在我和香港記者耳邊嘆氣：「中國太貪心了。」他認為，中國似乎覺得很多東西屬他們所有，也想控制北韓。

或許我們這個世代離國家分裂的悲劇都有些遠，以至於談起這些問題都帶著些「無所謂」的漠然理性。Kim 原就是朝鮮半島南方之人，但申雅英的祖籍卻在今日的北韓。

韓國人自我介紹時，會說明自己的祖籍，申雅英說自己是「平山申」，代表這個申性家族是來自北邊的平山，南北韓分隔後，北方的共產氣氛讓申雅英的祖父母直感憂心，決意往南逃。擔心韓共劫取財物，申雅英的祖母將錢財藏在髮髻還有嬰兒包袱中，最後到了大田。申雅英在大田出生長大，北韓離她太遠太虛幻。

北方是祖父母的故鄉，不是申雅英的，她認為自己對北韓沒有太複雜的情感，只當它是另一個國家，「我對北韓沒有好惡，不認為誰有資格批評、干涉他們的政府。我唯一的情緒就是領導人真的對人民太壞，太惡劣了。他們不應該這樣。」盧武炫當政時期，南北韓關係和緩，申雅英也在那時跨過了北緯三十八度線，到了北韓，替祖父母「探視故鄉」，「不可否認，我那時心情相當很激動。」

即使日後多次陪同朋友和客人到 DMZ（非軍事區），這樣激動的心情都仍會湧上胸口，北緯三十八度線的悲劇，很難說真的和她無關。「你準備去板門店一遊，對吧？在那裡，你才能具體的感受到我們的清晰和複雜。」一陣沉默之後，申雅英開了口。

——

朝鮮半島以鴨綠江和圖們江和中國為界，在日本殖民前，這塊突出於日本海和黃海之間的陸地，曾被高麗和朝鮮王朝統治達千年之久，獨立的政權和完整的疆域，讓這個半島一直是個統一的國家，除了親日或親中的意識型態外，幾乎無分裂之狀。然而，二戰結束後，為了避免鄰近的蘇聯占據這塊土地，異想天開的美國人，在地圖上沿著北緯三十八度線將朝鮮半島一分為二：北邊由蘇聯託管，南邊則交給美國。

這條長一百五十五英哩，寬二點五英哩的南北邊界，由地雷、戰壕、鐵絲刺籠等等戰爭物事架成，惡狠狠地切割了半島上的土地和人民，邊界分隔既成，對立姿態也就開始。留學美國的保守派領導人李承晚在南邊成立了大韓民國，莫斯科當局支持的金日成建立了朝鮮民主主義人民共和國。烽火再起。

這場戰爭對大多數台灣人來說，彷彿事不關己，但正是韓戰，讓美國協防台灣、援助台灣，台灣得到了利益。後來，我在韓戰相關書籍中，才真正了解到，在這段歷史中，我的國家扮演了一個關鍵角色。

「在美國人看來，與蔣介石保持著聯繫便意味著要保護他，而保護蔣介石就要保衛台灣。」知名記者大衛・哈伯斯坦在作品《最寒冷的冬天》中，談及此時美國加強對台保護：「在韓戰爆發後，美國立刻決定把第七艦隊調往台灣海峽。……毛澤東深知，他無法在海上和空中與美國軍隊抗衡，因此當他最終決定與美國一決雌雄時，那麼戰場一定在韓國。……如果美國膽敢在台灣海峽劃定自己的界線，那麼毛澤東在北韓畫出自己的界線簡直是易如反掌。」

戰爭打了足足兩年。進無所謂進，退也無能退，哈伯斯坦說，韓戰彷彿只是「為平局而戰」，時間也彷彿凝結在北緯三十八度線上，朝鮮半島依然是兩個國家。

每日都有上百名旅客來到這個南北韓各自退居兩公里而形成的 DMZ，我也是其中一名，隨著其他外國旅客從首爾搭上了巴士，一路沿著「自由之路」，來到這裡「探視北韓」。

「自由之路」以首爾為起點，貫穿坡州市來到 DMZ——這條名為自由的大道在接近「鐵幕」前，沿路早已被鐵絲網築成的圍欄包圍。「鐵幕」是對共產國家的形容，但我們親身面對的卻是名為自由的真正「鐵幕」，虛實交錯的荒謬提醒我們正站在一塊埋著不定時炸彈的土地上，而戰爭似乎將隨時再起。

烏頭山統一展望台就在這條路上，它建在臨津江和漢江的匯流處，站在這個名為「統一」的展望台上觀望，北韓仍是遙遠模糊，必須運用想像力才看得到指示牌上註明的種種北韓房舍建物。展望台內，多是韓國遊客，我在滿是老人的屋內擠蹭著，卻無從得知這些「韓戰一代」來此的心情，也無法辨識他們的悲傷或感懷。他們是這段歷史和這個非軍事區最真實的存在和見證者，不論他們如何看待「統一」，這裡都只是思懷故鄉、祭拜故人之處。

為了滿足我們這些外國旅客「獵奇」的慾望，導覽人員安排一位「脫北者」在一個仿北韓教室的空間內訴說自己的經歷：她一九九六年自北韓逃跑，先是穿越圖們江，穿越中國南下到柬埔寨尋求幫助，再到南韓。因為私自脫逃，母親和弟弟都被北韓政府移送到他方，失去聯繫，她提醒著大家：「可以拍我的照片，但不能上傳。」深怕北韓政府對她家人不利。

我們還被安排觀看一部控訴金日成父子並悲鳴北韓現況的影片，但我沒來由一陣熟悉和難受。難受的是畫面裡的殘酷，熟悉的是這套醜惡的控訴法也曾經出現在我兒時的記憶裡，而對象就是北韓的好兄弟「中共」。我們都被迫在同樣無法接觸、不能理解的狀況下，接受同樣扁平又單一的說詞，彷彿如此，我們就都站在正義的一方。我不確定那些外國旅客是否有特別的感受，他們像是看完一場乏味的電影一般，表情平靜——這段影片製作得的確粗糙乏味。

但並非沒有好看的影片——好看到我們不免把故事當作真實。展望台一樓大廳，豎著《JSA 共同警戒區》的大海報以及電影主角的大型公仔，這部由韓國知名演員李英愛、李秉憲和宋康昊主演的電影，曾創韓國票房紀錄，也是我迷上韓國電影的開始。故事內容描述在「板門店」站崗的南北韓軍人，私下發展出友誼，不料卻發生命案事故，代表聯合國來此的調查員在調查中，發現自己父親逃離北韓的秘密。觀眾看完電影後，不免感嘆南北韓原為手足，卻被迫為敵，也領受到戰爭和歷史的矛盾。

影片的故事設定在板門店，也就是JSA（Joint Security Area），意指南北韓交界處的共同警備區，是板門店周圍八百公尺，由南北韓軍隊共同看守的區域。和中共親近的北韓以漢字註記的板門店為名，而美方與聯合國軍隊則習慣稱JSA。我受這部電影的影響甚深，以至於當我來到板門店，看到一個個戴著墨鏡的英挺軍官，都覺得看到了李秉憲的影子，甚至以為進了一個大片場。

位在三十八度停戰線上的板門店原是個不知名的小村落，一九五三年七月，南北韓代表在板門店簽訂「停戰協定」後，它便註定被寫進歷史。

對我來說，這是一個異常麻煩的「觀光地」，從決定來此，一直到離開，都有著繁雜瑣碎的叮嚀和規定，這些麻煩在在提示著我們這些天真的觀光客：「不要忘了你在軍事區。」即使這個軍事區為南北韓都帶來不少觀光財。

之前，出於保密防諜等種種顧慮，韓國人被禁止踏進此區，外國人也同樣被限制。約有四十四個國家被要求要提早一周申請進入板門店，而且申請不一定獲准。台灣和中國、香港一起名列其中，同樣列名的還有伊斯蘭教國家、中亞和非洲恐有戰爭的國家，理由是：「為了避免恐怖分子攻擊」。

現在，這個限制名單已被修改，台灣和其他國家的人一樣，參觀前三天申請即可。我在台灣即以電子郵件方式傳送護照申請，仍感不安，深怕人到板門店前就因身分被阻止。幸好，上車檢查護照和衣著的阿兵哥，並沒有把我請下車，我和眾人一起進了板門店，聽著導遊如下軍令一般的指示：「這裡不能拍照」、「包包不能拿」、「不可以用手指」。

南北韓簽訂協議是在一間小房子裡，兩邊都有門，長長的談判桌橫亙在屋子中央，我們進入的門這邊，是韓國代表的座位，對面則是北韓代表的位置，那邊的入口處，站著一位不動如山的北韓軍人，戴著墨鏡直挺挺的往前方看。據說，這裡的軍人之所以戴著墨鏡，是為了不讓彼此眼神對視，敵軍如此接近，哪怕是一個簡單的眼神都會擦槍走火，不可收拾。

觀光客沒有包袱，悠然地走到談判桌另一方，便自以為「到了北韓」，或是朝著眼前的板門閣拍照，就是「北韓一遊」。我們都在一條虛擬的國界中遊走，體驗模模糊糊的戰爭感後，離開了板門店。

載著我們的巴士回到首爾市區時，導遊感性地對著滿車的外國遊客說：「你們應該為自己驕傲。」當年有十六個國家派兵加入以美國為首的聯合國部隊，和韓國一起阻擋北韓的侵略，這些國家的國旗被掛在 JSA 內，陣亡士兵的名字則刻在首爾戰爭博物館的石碑上，車上旅客有許多都來自這些國家。「The freedom is not free.（自由需要付出代價）」他感謝大家，並強調眾人都生長在自由的國家，或許不知自由的可貴，希望透過這一趟旅程，但願大家都能感受到自由的代價，以及自己國家當初為韓國人爭取自由的付出。

我卻覺得自己被排除在導遊話語的界線之外，恍恍惚惚——最初台灣也要派兵協助南韓，但被拒絕。台灣以另外的形式參與了這場戰爭，它因此而生存下來，但卻失去了身分，換來了台灣在國際社會的「不自由」。

回旅館的路上，我在便利商店買宵夜，店員一眼便辨識出我是台灣人，親切問我都到哪兒玩了？我掏出了包包裡的手冊給他看，回答「DMZ和板門店」，他點頭微笑，以蹩腳的英文說：「南北韓關係，就像大陸和台灣一樣。」我點頭稱是。

然而，回旅館的路上才突然意識到：「不，台灣和中國大陸的關係，和南北韓不太一樣。」但我沒有回頭修正意見。

中國

我是朝鮮族

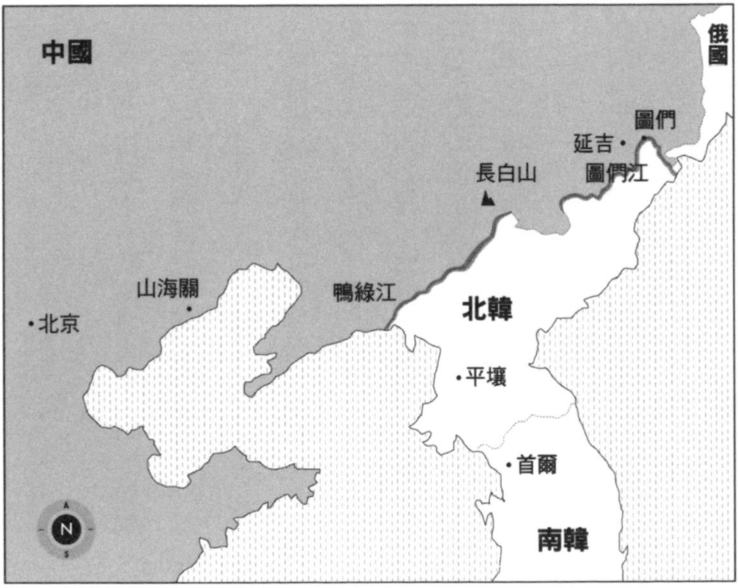

那班從北京開往延吉（延邊朝鮮自治州的一個城市）的高速火車，中午發車，一天只有這一班。火車轟鳴前行，坐在裡頭，我只覺得窗外的世界越來越寒冷。「從這裡開始就是關外了。」夜幕拉下之際，列車停進了一個車站，許久未動，我往窗外好奇張望，卻辨識不出個所以然，坐我對面的大叔邊啃食雞腳，邊向我解釋說，這一站是山海關，也就是「天下第一關」，火車通過山海關，就進入遼寧省了。

這是一個為了防禦外族入侵而修築的關隘，也是萬里長城的起點，朱元璋奪天下後建了山海關，但明朝的覆滅也是因吳三桂在這裡引清兵入關。這是一條劃分胡蠻的邊界線，這條線仍隱隱存在於現在中國人的心中，彷彿是中國地理的天然坐標，如同這位大叔不加思索說出的那個詞：「關外。」

我剛好閱讀著前一天在北京書店購買的《尋路中國》，一開頭就是作者何偉（Peter Hessler）開著吉普車，沿著長城駕駛的故事：「北方的草原是不設防的，而且在古代，這裡有許多遊牧民族，經常入侵他們不愛遷徙的鄰居。為了應對，中國人常常建城牆，這樣的防禦工事已知最早的歷史能追溯到西元前六五六年。」

古代中國的邊界並不明確，常因為戰爭或資源分配，讓邊界線產生進退，如今，這些邊防隘口不僅是地理分界，也攸關認同。我搭上火車前，先和幾個甘肅朋友在北京相聚，他們向我談起自己的故鄉時強調：「我們位在口內。」中國西北以星星峽為分界，甘肅是口內，過了星星峽的新疆，便被稱為口外——這類關防的概念，無非是種提醒，提醒自己在中國歷史上的定位，以及和「中國」間的距離。

在車站購買從北京到延吉的車票時，我好奇轉頭問詢問來自甘肅的朋友：「你知道這條鐵路的名字嗎？」他沒料到我會問這樣的問題，先是楞住，而後搖頭。我撇了撇嘴：「你們中國人都不必認識鐵路，為什麼我們得死背呢？」

為了聯考，我曾經耗費整個青春期背誦這些鐵路，它們以驕傲和屈辱構成軌道，架鋪在教科書中。它們像蟲子般在我腦子裡蠕動，填完試卷，便羽化成蝶，翩翩飛走，怎麼也記不得。我後來查資料，才記起這條直達圖們的長圖鐵路（長春到圖們）是日本「滿鮮鐵路直達」計畫中的重要一環，一九〇五年起，日本積極打造一條朝鮮直達滿州長春的交通動脈，好連結兩個殖民地，圖們正是其隘口。鐵路往往是殖民者為了取得資源而鋪疊的軌跡，日本在朝鮮、台灣和遼東半島上築成一條一條的鐵路，「現代化」了這些舊中國的「化外之地」。

我搭乘的這班列車被命名為K215號，從北京到延吉，路程要耗費整整一天一夜。列車駛入吉林省後，日頭從天際線探出，此時方能細看窗外景致。北方冬色對我這種南國之人而言，顯得不可思議，我興奮得幾乎要趴上車窗好細磨雪國線條。不同於日本歐美，中國東北的農村別有特色，頂著直筒煙囪、貼著鮮紅春聯的屋舍在雪堆中浮列，春節的氣氛讓這陌生的景致得以漾著少許親切。

即使白雪覆蓋田園，仍看得出農地排列井然。「這套鐵路沿線的水田，都是朝鮮族世居之地。」臨行前我去拜訪一位朝鮮族教授，他對我解釋了這個族群的歷史。老教授個性直接豪爽，很有北方民族的氣魄，他卻切切叮嚀，別將他的學校和名字說出來。類似這樣的叮嚀，都會提醒我正處在一個不同的世界——國家始終管控著某些領域，而像老教授這樣走過半世紀政治動盪的中國知識分子，儘管故事滿囊，卻更小心翼翼。

他是生活在中國歷史邊緣的那群人之一，生在延邊，但祖居朝鮮（北韓），如果用「關」來衡量，這裡比「關外」還更「關外」。因生活困苦，他的父親在一九三〇年代來到東北——那時叫滿洲國——的一家輾米廠工作，從此再也沒有回去。像這樣由朝鮮到東北的經濟移民並不少，甚至遠在十九世紀末，朝鮮半島發生饑荒時，便有不少朝鮮人來到毫無人煙的北大荒開墾；當然，更遠之前，高句麗王國的勢力也曾覆蓋在這片黑土地上。日本殖民朝鮮後，又有一批人為了尋找生活出路，渡過鴨綠江和圖們江逃到中國東北，其中也有少數人是因從事朝鮮獨立運動而逃難至此，如金日成。總而言之，這些後來在中國生根的朝鮮人，便是今日的「中國朝鮮族」。

「還有一批移民是日本占領東北後，強行帶來的朝鮮移民。殖民者發給他們一個村一個村的黑土地和水田，讓他們開墾。」老教授說，因為朝鮮是日本殖民地，所以日本人將最好的土地都分給朝鮮人，並將漢人趕到比較貧瘠的土地，他們只能種種高粱和大米。那時候的東北，日本人是最高級，朝鮮人次之，而後是滿人，漢人最低等，「所以從小我就覺得漢人怨恨我們，我們總被罵高麗棒子。」

移民，多半帶著些許不得已和苦衷，若是捲入權力或階級結構內，多半也會被貼上負面的標籤。面對不同於自己國籍、族群、文化、社會的「侵入者」，原本住民或許擔憂資源被掠奪、或者擔心血統受影響，或生存空間被剝奪，因此負面的貶抑始終存在，這正是高麗棒子一詞的社會根源。不論拉丁美洲、非洲後裔在歐美，或是東南亞配偶、移民在台灣，都有同樣的情況。

在台灣，移民強弱和先來後到並不太有直接關連。就和在東北的朝鮮人擁有最肥沃土地一般，漢人也將原住民驅趕到山林，奪取良田，只是，把握話語權的也是漢人，因而胼手胝足開墾荒地在台灣是美談而非掠奪。一九四九年後，權力者帶來了一批新的移民，權力者掌握了話語權，先到的移民反被壓制，心有不甘，埋藏在台灣社會之內的族群衝突，總像是一條不知何時燃燒的引線。我想，若能理解他處移民的社會脈絡，便能藉此省思台灣。

中國大陸改革開放後，又有一批韓國人移居中國，只是他們走得更遠，從北京到青島，多有韓國移民，甚至都可以生成一個韓國城。朝鮮族老教授所居住的「望京」，就是北京城裡的「小韓國」。

二〇〇七年中秋假期，我初訪北京時，對北京的第一個印象便是「韓國無處不在」。機場裡到處都是韓國旅客，被韓語包圍的我，差點以為飛錯城市。從機場到市區的路上正好經過望京，友人指著一排排高樓建築說：「這裡是韓國城，住的是韓國移民。」

同年發布的統計也指出，望京有三千戶韓國人，幾乎成為一個「城中之城」。根據韓國媒體報導，該年在北京的韓僑就有十萬人，在華韓僑共有三十到四十萬人，預估可望破百萬。即使後來因為金融海嘯的衝擊，許多在北京經商、居住的韓國人離開，但「北京城裡的韓國」仍顯而易見，不只在望京，其他地方也有韓國移民聚落。朝鮮半島的人會離開，也能回去。

二次大戰後，大批朝鮮人回到朝鮮半島，而留下來的朝鮮人在中共和朝鮮（北韓）政府商議下，毫無選擇地被編入中國籍，成為「中國人」。一九五〇年代，這些朝鮮人成為中國五十六個少數民族之一。「我們是這些少數民族中，唯一擁有自己國家的一支。」老教授的這個觀點並不準確，中國境內的哈薩克族，其實也是哈薩克人，生活在邊界的民族，在現代民族國家的切割下，都變成了跨境民族。也正是如此，中國在教科書中扭曲韓國的歷史，任意抹去韓國的歷史起源，讓韓國人憤怒，「只因為高句麗王國部分領土今日是劃入中國國境的」。中國人甚至常捏造謠言說韓國人將中國文化解釋成自己的。因為歷史和地理都太靠近，糾葛不斷，中韓情結時總在移民間蠢蠢欲動。

正因如此，在上個世紀中國的各種政治運動當中，朝鮮人最受「民族整風」所害。為了樹立正確的祖國觀，民族分子當時屢屢出來批鬥朝鮮族人。「有些老人家怎麼樣都不願承認中國是祖國，被整得很厲害。」老教授說，文化大革命期間，中國和北韓關係緊張，朝鮮族人也被捲進紛爭，總以「懷疑是特務」為由，被揪出來批鬥，到現在，遇到祖國認同問題，還是很敏感。提到這一點，老教授也憤憤不平，儘管他有著「中國朝鮮族」的身分，大半輩子都被強迫融入「中華民族」中，但仍清楚自己「半島人」的根源。

然而，年輕一代的朝鮮族人似乎超越了這種身分困惑：教授的兒子生活在北京，不像生活在東北的朝鮮人能上朝語學校，而是和漢人一起學習，母語幾乎不能說之外，更認定自己是個「中國人」。「我和他看球賽，要是中國對上韓國，我還是會幫韓國隊加油，而他卻是熱情地支持中國隊，真是氣死我了。」老教授微微苦笑，但也無可奈何。

——

當列車平穩地駛在松花江平原上時，天色已經大亮，太陽將光發散到藍天和雪地，折射入車窗，更顯刺目，扎得我不得賴床，只好起身梳洗，車上的人大多已經起身，開始吃早餐，我也迷迷糊糊啃著準備好的蘋果。

坐在我對面舖位的老奶奶招手呼喚我分享她的食物。她是朝鮮族，夫家姓崔，漢語不夠流暢，但還是可以交談，我們坐在床邊，邊啃著蘋果嗑著瓜子邊聊天。她得知我是台灣人，而且隻身到延邊，深感好奇，頻頻詢問台灣的工資和生活水平。但類似「大米一斤多少錢」的問題，對我這種「不知民間疾苦」的都會女性來說有些難度。我囁嚅地笑著，心想：「她會不會懷疑我是否真的來自台灣？」

她的故事大多圍在孩子身上。老教授曾經告訴我，朝鮮人是哪裡有機會就往哪裡去的民族，崔家人便是這樣的典型：崔奶奶的三個小孩四散在外做工，女兒在中國的南方，小兒子在海南島，大兒子則在韓國，孫侄輩甚至有到日本和法國的。前段時間，她帶孫子到南方去探視兒子，此時正在歸程中。

不知道觸動了哪個點，崔奶奶突然聊到文化大革命對她家人的傷害，面帶哀傷：「我哥哥在文革後死掉了。」她的哥哥是當地村子裡最聰明的人，精通五種語言，原在學校裡教俄文，在文革期間被認為是朝鮮特務，只好躲藏在長白山上直到文革結束，「我哥哥本來那時候要結婚的，卻被批鬥，讓他結不了婚。躲在山上的日子太苦了，傷到身體，下山後，結婚沒幾年，就去世了。」

或許聊到家人讓她深有感觸，也或許是朝鮮族人特有的熱情，崔奶奶見我大過年一人在外，便邀請我到她家裡吃飯。此時，火車正好抵達延吉，我們跟在同樣拎著大包小包行李的乘客後頭下車，月台上已滿滿都是人，走出月台，只有一個清冷寬闊的停車場占滿視線，我忍不住吸了一大口空氣，鼻腔到肺部充斥著清冽乾冷，若非眼前車少樓低，我的南方體質實在感覺不到這裡和北京的差別。

等待許久的崔爺爺在火車站外候著，才看到我們便一個箭步上前，為祖孫兩人拎起行李，帶我們到車站旁的小餐館吃飯。狗肉是朝鮮人喜歡的食物，崔奶奶到南方太久，難免想念，於是崔爺爺大方的為大家都點了燒酒和狗肉，我卻堅持點豆腐鍋。他們以為我客氣，連忙勸說我改變主意，我只能以不喜吃肉來婉拒。儘管我愛狗，但也知道要尊重不同文化的飲食習慣，不該做出道德評斷，更不想讓對方不舒服，於是暗下決心，在這趟旅程中，不當肉食主義者。

崔奶奶一臉疑惑，有些苦惱：「這樣營養夠嗎？」我直說夠夠夠，指著鍋裡的豆腐：「這有非常充足的蛋白質，和肉一樣。」

「不喜歡吃肉，那代表可以吃肉嗎？」崔爺爺和崔奶奶漢語都不太好，很多話都必須重新確認，他們不太確定我到底能不能吃肉，「我們的晚餐是雞肉，你可以吃一點嗎？」原來這對老夫婦苦惱的是如何為客人準備好料理，我如果不吃肉，恐怕他們得重新準備食材，於是我說：「可以，我可以吃一點雞肉。」

有一時半刻，我心裡還擔憂崔家的晚餐會以狗肉招待我這位貴客，聽到是雞肉，不免鬆了口氣。不料，崔奶奶一邊哄著孫子吃飯，一邊朝我叨唸：「狗肉很好啊，怎麼不吃呢？」本想大展狗肉料理身手的她，恐怕帶點遺憾。

這個年節，是崔家的大兒子離家三年後首次返家。「朝鮮族的特色就是會離家打拚。」崔大哥在首爾作焊接工，倚在餐桌邊，他喝了一口啤酒後說，延邊這塊地區的人都是如此，紛紛往外掙錢，即便是崔家的一家之主崔爺爺，過年後也要到韓國打工賺錢。崔爺爺原是個朝語老師，已經退休，是該安享晚福之年，但聽到我們聊這件事後，也中氣十足的答腔：「我要去採番茄。」

「你們是蔣介石帶去台灣的嗎？」崔爺爺突然好奇我的背景，我搖搖頭說，我的祖先可能是在三百年前因為生活困難才從大陸到台灣的。崔爺爺點頭表示了解，他的祖父也因生活困難，從朝鮮遷移到中國東北，這家族在這兒也已有九十年。

「那時候很苦很苦喔。」漢語不流利的崔爺爺原本聽不大懂我的話，當我們談到「第幾代」時，他突然躍起，搬出自己的族譜給我看，透過老花眼鏡，我仍能感受得到他目光中的興奮：「我已經是第十八代啦。」他一邊翻閱，一邊說，他的家族裡曾有個大將軍，其雕像仍樹立在朝鮮。

受儒家文化的影響，強調正統和根基的朝鮮人將家譜看得很重，沒有家譜的家族會被視為沒有根。移民到中國，成為「中國人」後，朝鮮族人更只能藉著家譜講述自己來自朝鮮半島的根源。

好奇的孫子一直想要搶看這本族譜，我擔心他破壞了這個寶貝，連忙阻止娃兒的頑皮，疼愛孫子的崔爺爺突然以朝鮮語咕嚕咕嚕一陣，娃兒笑逐顏開，對我說：「這以後是我的。」我這才知，這個孩子是長孫也是唯一的孫子，這本族譜將來會傳給他。

吃飯的時候，崔大哥隨意轉了轉電視，螢幕上出現韓國古裝連續劇，我問他們：「你們學韓國歷史嗎？」崔大哥大笑：「怎麼可能會學？」小娃兒聽了我們的話，迅速轉台，他喜歡看韓國電視台的華語頻道──螢幕上的卡通節目配上中文發音，卻是韓語字幕。

後來我發覺，在這個朝鮮族自治區，幾乎每個朝鮮族家庭都安裝小耳朵看韓國電視節目。崔大哥告訴我，裝小耳朵是違法的，政府不給裝，但他們還是會這麼做，政府也就睜一隻眼閉一隻眼了。

或許因為接受韓國資訊，他們的國際認知和一般中國人不同。在崔家人心中，兩岸關係如同南北韓，和他們談及台灣時，他們都認可台灣有自己的政權，也認為它不屬於中國，總感嘆在一個中國政策下，台灣沒有自己的國際位置，對台灣很是同情。

在我多次旅行中，這是少有的經驗。

—

隔天，我來到圖們。這是中朝俄三國交界處——這裡隔著圖們江和朝鮮、俄羅斯相望，友誼大橋連結著中韓，只要跨過橋，就可到北韓，三十三萬人口中有五成五是朝鮮族人。崔奶奶的老家就在這裡，她年輕時曾經到海參威、西伯利亞賣過衣服。

從延吉搭公車到這個邊界之地，不到一個小時車程，但圖們的氣氛和延吉大不相同，因為空曠冷清，路上多處污水成冰，無人整理，整個城市顯得髒髒的。這裡的住房仍保有朝鮮特色，但在一些特意規劃出來的住宅區中，修築了不少嶄新的樓房，和破舊的磚屋對比成趣。濃重的邊界特色透過圖們江口岸的那些「邊防」、「祖國」等字眼彰顯出來，這些編織而成的標語成列出現，不時提醒人們，這裡的身分和界線十分脆弱，別因疏忽而踰矩，甚至崩裂。但身分是身分，消費是消費，北韓的硬幣、郵票、食物甚至來自俄羅斯的商品都在市場上熱鬧展示著；觀光客如果有興趣，甚至可以申請「步行」到北韓「兩個小時」。

圖們江上已經結冰，很多人在冰雪中玩樂，音樂四起，也有些人拿著望遠鏡探望北韓，我懷疑：這邊震天作響的流行音樂，難道不會誘惑邊界的北韓士兵往這邊走來？

中國和北韓之間有長達八百五十英哩的邊界，起源於長白山（朝鮮稱為白頭山）的鴨綠江和圖們江，是兩國的天然國界，前者往南注入黃海，後者往北流入日本海。與鴨綠江相比，圖們江水流平緩而狹窄，容易泳渡。

據說，有許多想辦法脫逃的朝鮮人，逃開那個每到黑夜便沒有一點光、衛星無法攝下的國家，在中國結婚、生活。這個邊境之地，甚至已經出現了一個逃難網絡。根據估計，自一九九〇年代朝鮮發生大饑荒一直到二〇一〇年為止，已經有約三十萬來到中國的「脫北者」，其中大部分是女性，藉著婚嫁在中國農村取得生存。

人可以偷渡，物品也可以走私，許多韓國盜版影碟也從中朝邊界運到對岸，成為朝鮮人少有的觀望世界的窗口和難得的娛樂，這個地區也形成一種地下經濟體。這裡的邊防似乎比我們想像的鬆一些，不過，許多令人驚駭的故事還是掛在當地人的嘴邊——在北韓政府要求下，中國警方時常進行捕捉與掃蕩行動，有時可網羅上百名逃脫者，並遣返回極權主義的朝鮮。在邊防交人時，北韓軍人會將鐵絲硬生生穿過偷渡者的肩頰、手臂或肉體，將他們一個一個串在一起，而後像趕牲畜一般，帶回北韓，送入嚴酷的勞改營或遭判死刑。因此，一些人權團體時常對中國官方遣返脫北者表示抗議。

在北京計畫這趟東北之旅時，我曾和朋友們開起玩笑：「或許我可以試著到北韓一遊。」不料朋友們都板起了臉孔，直說不可能，他們不以為然地告誡我不要以為自己是外國人，就將跨越邊界想得如此美好，「因為，朝鮮政府是瘋子。」

越南

他人的戰爭

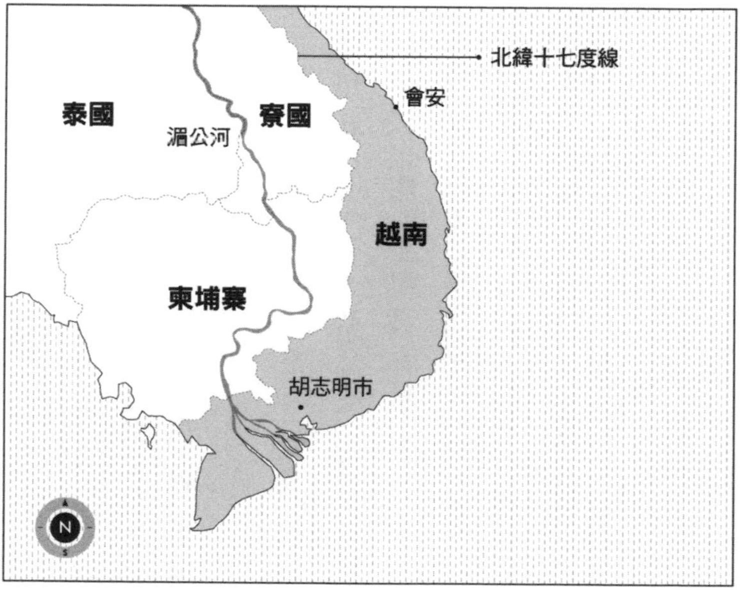

到越南旅行前，我對這個國家幾乎無所知，但當我翻讀Discovery出版的深度導覽時，被一句話狠狠撞擊，讓我至今難忘：「如今，越南政府一直主張，越南不是戰爭，而是一個國家。」

我不得不承認，第一次到東南亞自助旅行就選擇越南，正是對「越戰」印象太強烈而生的好奇。當時我所認識的越南，都從文藝作品而來，從奧立佛・史東的電影到格雷安・葛林的小說，無一不觸及越戰，甚至越南相關的旅遊文學都是沿著「胡志明小徑」而走的戰爭遺跡紀錄。在這類作品中，最受歡迎的或許是音樂劇《西貢小姐》，這個富有東方異域風情的愛情故事，也把殘酷的戰爭作為背景——直升機轟隆隆地從舞台上方降下，在觀眾的驚呼中，美國大兵拋下了他的越南女人離開。像這樣的故事，世人一讀再讀，像是戰爭中反覆投在越南頭上的炸彈，轟出那些去不掉的印記，越南便一次又一次地成為戰爭的化身。

不論政府和人民的意願是什麼，「戰爭」終究是外國人在越南能夠消費的旅遊體驗，他們在胡志明市支付美金、登記不同的越戰體驗行程——最受歡迎的旅遊項目，除了戴著越南斗笠行走炸彈轟過的胡志明小徑，莫過於「參觀古芝地道」。二〇〇二年，初抵越南的第二天，我便搭上了前往古芝地道的小巴，和車上的幾個瑞士朋友一起感受這場「他人的戰爭」。

古芝地道位在胡志明市西北方四十公里處，原本是越南農民為了反抗法國統治，徒手挖掘二十多年的地下戰道，越戰時期，成了越共的地下基地，八十公分寬不到的地道交錯延綿了二百公里之長，不僅有房間、會議室、糧庫和軍事陷阱，連醫院都有。

越南戰爭是延續反殖民戰爭而來。二戰結束前後，胡志明領導的越盟在越南北方宣布獨立建國，法國則挾持皇帝在南方立國，為了取得整個國家的統治權，兩股勢力征戰不下，直至法國敗退離開越南。但越南並未因此統一，列強透過日內瓦會議決議，讓北緯十七度線成為持續分裂的刀鋒，南北繼續爭鬥。然而，走了個法國卻來了個美國，因為擔心北越共產勢力入侵南方，美國政府支持發動政變並執行獨裁政權的吳廷琰，甚至派兵到越南，正式宣告越戰開始。

越戰的慘烈，可以從當時美國空軍總司令李梅（Curtis LeMay）的宣稱中得知：「要把越南炸回到石器時代！」彷彿越南只是一片充滿建築物和農田的無人之地，沒有一點生靈。而作家李黎在〈早安越南〉一文中則以具體數據數落越戰的慘烈：「越戰期間，美國飛機無休無止的轟炸，投下的炸彈總量是二次世界大戰所有炸彈加起來的三倍半……當時的越南人無論男女老幼，平均每人可以『分享』到一千磅的炸彈。這場戰爭估計死了三百萬越南人，傷了至少一百萬。至於化學戰的遺禍後代，數字還無法估計。」

不同於影視媒體側重戰火激昂的畫面，進入古芝地道前播放的介紹短片平淡乏味，就像在任何一個極權國家都會看到的新聞一般，讓人頻打哈欠。所幸影片不長，走出大廳後，我們便看到茅草和箭靶，還得穿過幾輛廢棄的坦克車及躲避用的坑道，方才的無聊資訊立刻被眼前的真實洗刷掉，戰爭感此時才浮現。

我們努力將自己的身子塞進地道中，像螞蟻一樣鑽來鑽去，很快的，我們的腰就痠到直不起來，也不知道自己身在何方。好不容易探出頭，來到地面，迎接我們的是一盤「樹薯」——這是越戰期間人民的主要食物，此刻它被提供給遊客體驗戰時的生活。

我們一邊試著品嚐樹薯的甘甜，一邊聽導遊說起自己的故事：原來，他因為越戰而中止大學學業，戰爭結束原以為日子平靜了，不料又被徵召參加越南對柬戰爭，但關於那場戰爭，他怎麼也不想再提。現在他必須靠著帶領美國人、西方人參觀戰爭遺跡來謀生。「每一次解說，我都是再度面對過去的回憶，就像抱著地雷一般。」他自嘲：「也許戰爭像彈殼一般，已經嵌進我的身體裡了。」

——

戰爭像彈殼一樣被嵌進身體的，不只是這位古芝地道的導遊，還有人在台北的越南華人老羅。

自越南旅行歸來多年後，透過投入移工關懷的張正介紹，我認識了老羅。他的故事滿囊，說起話來頗有長者威儀，時而更正我對越南的認識，神態語氣和觀點，簡直就是個不折不扣的「越南人」，但談到關於越南的故事，又顯得置身事外，彷彿是這個國家永遠的外人。

台北盆地的南邊多雨，雨在寒冬格外沁骨，我縮在老羅開的小店鋪後頭，聽他講述戰爭故事。儘管躲在屋後，寒氣仍逼我得一直捧著熱騰騰的越南咖啡暖身，但七十歲的老羅僅著簡單夾克，一派清朗。

老羅出生在胡志明市華人聚集的第五郡，他的父親是不得志的中國知識分子，成長於書香門第，卻生在推翻舊制的共和國，科舉仕途被打斷，只好從廣東南下西貢，尋找出路。他的母親也是清末遷移至越南的中國農民後代。作為羅家的第二代，老羅是個對中國沒有記憶的「越南人」。

「我的記憶中，更多的是戰火。」

他的兒時記憶中，還保有日本軍隊從越南撤退的景象；他也依稀記得，法國在戰後從日本手中接收越南時，猛烈攻擊的砲火，「法國軍隊在迪石登岸前，瘋狂對岸邊掃射。」迪石是越南南方省分，鄰近暹邏灣，當時法國不願接受胡志明的獨立宣言，因此，即便迪石無人抵抗，法國軍艦仍未手下留情。

年幼的老羅自然無法了解究竟發生什麼事，更不懂國際政治的競逐，他只知道自己隨時隨處遇上砲火，連床都被砲彈打過，安睡的日子鮮少。越戰發生時，老羅正值意氣風發之年，準備大展拳腳實現抱負，不料，美國在越南上空投下的飛彈，「碰」地一下炸開了老羅的人生。當他接到徵兵打仗的命令時，這個文弱書生便知道這是一條回不來的死路，而他，不願送死：「因為，那是別人的戰爭。」

戰爭初期，越南華人並不需要當兵，但隨著戰爭日趨激烈，需要更多兵源時，華人也被捲入，他們幾乎沒受訓練便得上戰場，只有犧牲之途。有能力的華人紛紛逃走，沒有錢的華人則想盡辦法逃避當兵。為了躲藏，有些華人甚至好幾年不出家門。當然政府會來查緝，每到此時，他們便躲進米缸裡，擺個裝好錢的信封在頭上，軍警掀開米缸，看到信封，像是有默契一般輕輕取走，再將蓋子蓋上，告訴大家這裡沒人，躲在米缸裡的青年便能逃過一劫，繼續躲藏在家。

老羅當然也想躲兵役，但他不是藏進米缸內，而是想辦法到華文報社當記者——因為媒體工作是傳遞戰爭消息，可避開兵責。但老羅進了報社後才知道，不是所有報館工作人員都不用當兵，只有社長、總編輯等層級的不用，「這是當然的，他們的年齡都在服役年齡之上啊。」

似乎只有逃走一途了。二十歲出頭的老羅揣著一點錢，偷渡到柬埔寨。在綿密的烽火中，他順著湄公河畔的叢林小徑跨過了邊界，過程艱辛不堪回首。好不容易捱到柬埔寨，他做起了小生意，在柬埔寨安定生活了下來，娶了柬埔寨妻子、生下了女兒，直到越戰結束，才返回越南。

越戰橫切過老羅的人生，讓他做出離開的選擇。越戰結束後，「北方」統一了「南方」，古芝地道下的越共贏得了勝利，老羅在「他人的戰爭」結束後回到越南，這才發覺，「北方」竟如此落後，「他們的勝利簡直是匪夷所思。」

一九九一年，受惠於僑委會政策，他們搭上「返鄉」班機，從「越南華僑」變成「台灣人」。國籍身分或許容易改變，但認同卻變得更為複雜，生活也不會因為穿越國界就能輕鬆翻轉，羅家人仍得為生活奔波，為了尋找房租低廉的住所，他們不停在台北盆地的邊緣搬遷。最後，在這市場的一角安定下來，開了個小店鋪，做起了小生意。雖然離年輕時的抱負已遠，但能夠過上安穩的日子，也讓他甘願淹沒在台北的繁華之中。

—

戰爭離越南不遠，幾乎每個在越戰期間生長的越南人，都能說得上一些故事。我原以為，這是一場南方和北方的戰事，卻沒想過「越南中部」在這段歷史中，沒有聲音。

我後來查到的資料是，所謂的北緯十七度線，不是一條和地理緯度吻合的筆直橫向切線，而是濱海河（Song Ben Hai）兩岸綿延約八公里，一直延伸到順化北方一百公里處，往西則到越南和寮國的邊界。根據日內瓦會議決定，這個非軍事區（共同警戒區）是一條暫時劃定的界線，也是一個暫時圈畫的區域，為的是確保一九五六年越南全國選舉能夠順利舉行，待人民選出新政府後，南北越便能合併。不料，原為追求和平的「一七線」，卻成為越戰的引線，而國際認定的非軍事區，則諷刺地成為砲火最激烈的戰區，死亡人數最多，也是遺留最多炸彈地雷污染的區域，至今甚至還有未爆彈未除。如今這個區域人口稀少的原因不僅因為戰事激烈，還因為這裡天主教徒比例極高，在越共統治之下，不得不逃離越南。

在北緯十七度線南方，有個聚集著「逃離者」的城鎮，只不過這些逃離者反對的政權是「大清王朝」。

會安是中國人在南越定居的第一個城市——諸多不願歸順清朝的明將遺臣，帶著宗族和臣民，攜家帶眷移居於此，阮氏王朝因此賜封此地為「明鄉」，宛如明朝之故鄉。當我離開現代又吵雜的胡志明市北上到此城時，沿街的紅燈籠，也讓我有誤入中國城鎮的錯覺。

就僅僅是錯覺。因為在這城市閒晃沒多久，我就在「黃氏古宅」被潑了一下冷水，一位越南長衫（AO DAI）的女子堅定地告訴我：「我不是中國人，這也不是中國文化。」這個女子在我踏進宅門時，帶笑而來，準備為我說明介紹，當她指著牆上的中文字時，我卻回她：「你不用費心為我解釋了，和你一樣，我也是華人（I am Chinese, too.），這是中華文化。」我連告知她自己也姓黃的時間都沒，就被打斷了。我自以為是地框定彼此根屬同源，但這位腰枝纖纖女子顯然因此不太高興，她收起笑臉，留給我一股尷尬的空氣和某種似曾相識。

「華」（Chinese）這個字，充滿太多歷史情結和認同意義，這個英文字可以是形容詞，形容「文化」，也可以是名詞，作為「語言」。對外國人來說，理解「華」這個字所附有的文化歷史意涵，就像叫他們辨認象形文字一樣困難。我以為自己擅長解釋這個字以及它所拉開的歷史書軸，但遇到華裔時，我突然迷失了方向：究竟，我這個台灣人，和那些海外華人在歷史座標位置上，有什麼不一樣？

這個疑問沒有跟著我太久。我離開黃家古宅，過了日本橋，轉個彎，進了「黃河」後，又遇上了另一位華人，當我們談起中國時，他不僅沒給我一頓排頭，還大談祖國情懷。

黃河，是一家餐館的名字。在這聚集太多中國符號圖騰的城鎮，看到這兩個字也不會讓人感到驚奇，當我們踏進這家店，一個像極香港人且留著兩瓣小鬍子的老闆，立刻朝我們走來，熱切地招呼我們，他流利的漢語先是讓我們一驚，而後說的故事也讓人難忘。

趁著客人不多，就著昏暗的燈光，老闆講起了他的身世。祖居福建的老闆是越南第五代華僑，祖先因為抗清，被趕到海南。原姓林的祖先到了海南改姓「楊」（木易），最後又逃到越南。為了「不忘本」，一九六五年創立這家餐館時，便為其取名「黃河」，記住那個孕育中國文明的河流，等於記住了自己的根。「黃河是中國文化的母親，無論到哪裡都離不開他的影響。」老闆悠悠地下了這個註解。

但母親黃河無法成為子民安穩的臂彎，或因生存或因政局或因歷史，她的子孫不停往外移動，往外出走，像是血液擴散暈染世界地圖一般，他們到了其他土地，成為華僑、華人。以為離開後，就能安居，不料，又得離開。

老闆的祖先逃到會安定居，到了他這代遇上了越戰。會安屬於南越統治，毫無選擇地，老闆在戰爭期間必須幫助美軍，但他卻感茫然：不知誰會取得勝利？他的未來如何？與此同時，他的家人和未婚妻，揣著對時局不穩的憂慮，逃到美國，求得安定。他的家族，再一次遷移。談到他這一代的遷移，老闆的語氣顯得惆悵，眼神總往門外看，像是盼著什麼，也像是回想著什麼。

老闆選擇留在越南，因為他已在此生根。但這或許只是一廂情願：「中國人認為我們是越南人，越南人則認為我們是中國人。」老闆拿出越南身分證給我們看：在身分那欄被標示著「中國人」，那是不管定居幾個世代，仍會刻印著的血統根源。在越南生根，卻留著中國心，對老闆以及其他「不忘本」的華僑來說，就像是蝙蝠的故事，既無法選擇自己的認同，也得不到別人的認同，矛盾的旋律，也跟著黃河的血脈一起擴張、迴旋。

說著說著，老闆語氣高揚起來：「中日戰爭的時候，我們這些越南華僑可是沒少出一份力。」的確，儘管許多海外華人在明清時便離開中國，但仍盡力援助「祖國」——越南華僑多半借著滇越鐵路運送資源協助抗戰後方，逼使日軍炸毀滇越鐵路以切斷補給；東南亞華僑集聚的後勤力量，讓南洋的日軍莫不專注於對付當地的華僑，增加殺戮，並且挑起族群間的矛盾，也為東南亞華人族群埋下種族衝突的地雷，影響至今。老闆怒氣不可止，連鄰國的戰亂也一起數落：「就像赤柬血染柬埔寨時，中國也不管柬埔寨華僑的死活。」

當年，中共協助越共，而美國懷疑越共在柬埔寨設基地，轟炸柬埔寨，殺掉七十五萬柬埔寨人，致使波布等激進分子有機可趁，統治柬埔寨。近幾年，美國媒體揭發，當年美國私下支援赤柬，中國亦參與其中。故事的最後，越南「解放」了柬埔寨，親越的韓森上台。在國際意識型態的博弈鬥爭中，無辜的老百姓始終是最大受害者，哪有族群之分？誰又顧得上誰呢？老闆的憤怒顯得無奈，卻讓人同情：他們在戰亂中太久，太久了。逃，能逃到哪兒？到最後，誰也不能保護他們，只能再逃。

「華人在東南亞都是從商，很少參與政治。在越南尤是，他們只要求安穩的生活。」越南華人楊玉鴦說，「從一個戰亂的環境逃到這裡，無非只想過日子。」

在台灣讀研究所的楊玉鴦相當年輕，或許因為屬於越戰後世代，談起故鄉時的神情語氣，和老羅明顯不同。她也是張正介紹給我認識的朋友，提到她時，張正這麼形容：「她有堅定的越南認同，總會強調自己是越南人，甚至省略華人背景」。

和其他強調漢文化影響的東南亞華人相比，楊玉鴦對華人身分和文化很淡漠，她比一比自己那頭俏麗短髮說，「要不是來台灣讀書，我會和其他越南女孩一樣都留著長髮。」華人女性可以隨意塑造髮型，但越南女人將長髮視為標記。「我的越南朋友都好漂亮，長長的頭髮、瓜子臉、白皙皮膚，一看就知道和華人不同。」楊玉鴦在越南始終留著長髮，希望能成為她們的一分子。

楊玉鴦是第三代越南華人，國共內戰期間，祖父和外公這代逃到越南，父母都在越南出生。「來台灣讀書時，需要填下籍貫，我才知道自己是廣東潮陽人。」從小和越南（京族）朋友一起長大，楊玉鴦從未懷疑過自己的越南國籍，她形容自己從內心到行為都是越南人。

只會說潮州話的楊玉鴦，大學選擇「中文系」，只是為了就業需要，並不為了「找回語言」。九〇年代，因為台商大量湧入越南，創造許多工作機會，大多數華人皆在台商企業就業，「中文」是必要技能。楊玉鶯的家人幾乎都為台商工作，尤其學歷不高但中文流利的姐姐，一畢業便能找到工作，讓楊玉鶯非常羨慕。來台灣讀書後，她幾乎過著「抱著字典」的生活，才能一點一滴地學好華語並理解中華文化，但也因為如此，她更清楚自己來自什麼地方，自己是誰，什麼才是自己的語言，「我想起七歲的自己哄妹妹睡覺唱的歌，就是越南詩歌。」

儘管楊玉鶯對越南這塊土地認同深切，但她的家人卻總在「逃離」的命運中游離。越戰期間，楊玉鶯家人因美軍聚集而大獲商利，經營塑膠工廠的外公因而賺了不少錢，但越戰結束後，越共執政，塑膠廠被迫充公，舅舅們也被抓去勞改。為了逃避勞改，其中一位舅舅偷渡逃到加拿大，而後來到台灣，加上國共內戰期間丟在中國的大舅，這家人始終因政治而被拆散分離。

戰爭拆毀了一個家庭，也影響著人民之間的關係：華人對政治冷感，多數從商，對其他族群也抱著極強的仇恨偏見。在楊玉鶯小時候，中國和越南關係並不好，華人時常被罵「BATAU」（直譯為「三條船」），母親也時常警告他不要常和越南人混在一起，「老一輩的東南亞華人會瞧不起當地人，不是叫他們馬來豬就是說越南狗。」

在越南談到這樣的種族歧視，都讓我忍不住想起奧立佛．史東的作品《七月四日誕生》。湯姆．克魯斯飾演的主角「維克」和他的國家同日慶生，因此他總念著和美國共生、與國家共榮，彷彿天生註定要愛國。他選擇遠到一萬三千哩外，見證殘酷而荒唐的戰場，而後失去了他的下半身。即使如此，他仍驕傲質問著照顧他的醫護人員：「愛國有什麼不對？」只見眼前這位黑人淡淡地說：「你們到海外打一場所謂的人權戰爭，卻不顧國內沒有人權。」此時是六〇年代，反戰呼聲高漲，而種族和性別等民權運動，也正高昂。這位照顧維克的醫護人員直說：「越戰是白人的戰爭，是富人的戰爭。」故事的最後，維克成為一個反戰者，大聲斥責自己的國家將軍事權力延伸到千萬哩外、一個與己無關的地方，只為了對付貧苦的越南農民？而這些人民為了獨立已經奮鬥千年。越戰，到底是誰的戰爭？

楊玉鶯這一代越南人，或許和我們這代台灣人一樣，都看過這樣的美國越戰電影，也對約翰藍儂等美國搖滾樂都耳熟能詳。當我走在胡志明市街頭，總會注意到西洋搖滾樂和美國流行文化瀰漫期間，我甚至還買了一張《早安越南》的盜版唱片——老闆告訴我，這類題材的音樂和影碟，是最受觀光客青睞的商品。對我們這些「他人」來說，戰爭彷彿是一場被浪漫化的藝文創作。而對楊玉鶯他們來說，這些故事恐怕也像是傳說，所以他們一邊讀著「把美國當敵人」的課本，為犧牲的越南英雄而心痛，一邊看著美國電影、聽著美國搖滾，做著美國夢，想要追求更好的生活。戰爭，或許都是別人的，但夢想和希望，卻永遠是當下要追求的，而且，沒有國界。

婆羅洲與馬來西亞

雨林裡的戰士

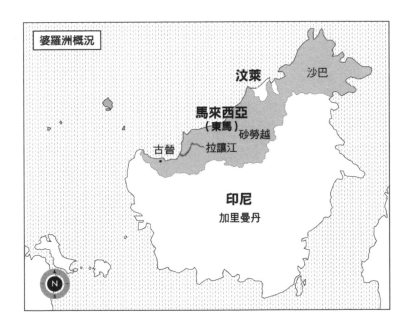

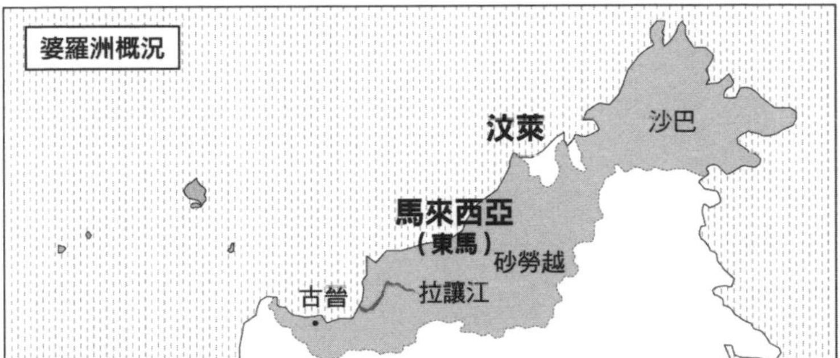

長屋外的廣場被烈日曬得晶亮，赤腳婦人持鏟子將草席上的胡椒翻過來又翻過去，讓他們也能均勻裹在陽光裡。婦人踩著，以腳心和他們對話。黑皺的腳皮，透著溫柔的聲音。

馬來西亞每年生產二萬八千噸胡椒，其中九成來自砂勞越，這個「香料之王」的魅力，曾吸引無數殖民者和商船前來貿易，驅動婆羅洲人勞作。位在拉讓河中游的伊班族（Iban）部落，便是其中一個族群。他們的長屋前不僅鋪著一席胡椒，還晾著橡膠。

伊班是砂勞越原住民，沿河而居，族群領域可達印尼加里曼丹邊界處。砂勞越被稱為「犀鳥之鄉」，伊班也視犀鳥為神的使者，在儀式祭典中，伊班戰士隨節奏擺動出華麗誇張的舞勢，便是模仿犀鳥的動作。當北國還抓著春天尾巴時，南國這裡正慶祝著豐收季，四散謀生的族人紛紛返鄉，坐在長屋的廊道內，跳舞唱歌、吃飯喝酒，平時只有小孩偎著老人的寧靜廊道，這幾天色彩繽紛熱鬧歡騰，終日不休。砂勞越朋友阿財，盛情邀請我們幾個台灣朋友來他的故鄉同樂過節，於是，二〇一〇年五月，我踏進了幻想許久的熱帶雨林，期待親眼見到犀鳥展翅飛過。

犀鳥沒有見到，卻見了年輕健美的伊班青年 Kwok 隨著近百歲的頭目，頂著豔麗的羽毛掛著銀飾，踩著犀鳥的舞步，踱得木質地板發出達達達的節奏聲，伴著舞者發出的犀鳥叫聲，顯然是個氣勢恢宏的戰舞。Kwok 是馬來西亞的專業舞者，特地從吉隆坡返鄉過年，看到我們到來非常開心，直說他曾到訪台灣三次，和台灣原住民共舞，「這是我的文化給我的機會。」

我在舞者前方席地而坐，與眾人一同享用眼前的汽水和糕點，卻無法不注意到節慶佳餚被擺置在「華味濃厚」的四色盤中。伊班人的廚房裡也有一罈罈我們熟悉的「甕」陳列其間，抬頭一看，房舍裡還貼著華文日曆和華族裝飾，若不是幾隻犀鳥羽毛穿插在擺飾間，恐怕我無法辨識自己置身何方。

在屋裡跑來跑去的伊班小孩，都能和我說得上幾句華語。「因為會華語比較有優勢。華人很會做生意，和華人多學習沒有壞處。」帶著我們穿梭各長屋間的華人朋友楊福生說，他的父親自一九二〇年代隨著祖父從福建來到砂勞越，土生土長的他總和土著混一起，關係相當親密，甚至將叢林裡的伊班長老認作乾爸爸，有了這層關係，他在部落總像串門子一樣，來去自如，要不是託了他這層關係，我們是很難進入雨林部落參觀的。

他和土著的關係，一如砂勞越土著和華人之間，透過結拜或結親便能產生連結，我們眼前那個大眼靈活的男孩便是華土通婚的後代，「比起和馬來人間的涇渭分明，我們和伊班的關係非常好。」

華人早從魏晉南北朝便和婆羅洲接觸，砂勞越至今還擁有宋朝瓷器遺跡。鄭和帶著大批商船艦隊七下西洋時，就有兩次到了婆羅洲的渤泥——也就是今日的汶萊。那些跟著鄭和南來婆羅洲的船員，有一部分定居了下來，成為華人移居婆羅洲的開始，而這些華人多留在婆羅洲南邊，亦即今日的加里曼丹。婆羅洲的西部也是由華人開墾出來的——十八世紀，廣東客家人在這裡建立了第一個由華人創立的共和國，名叫蘭芳共和國。

不過，拉讓江沿岸卻遲至二十世紀才由數千名福州人開墾。

十九世紀，英國殖民者為了攫取婆羅洲資源而引進大量華工，如此大規模移民加上殖民者分而治之的種族差別政策，導致族群衝突不斷上演。在砂勞越的歷史中有一段族群衝突的故事：採挖金礦的砂勞越華工因不滿奴役，起身反抗，不僅進攻位在古晉的政府大廈，還燒了政府官員的住屋和店鋪，一些英國官員喪命於此。英國殖民者於是決定以挑撥族群衝突的方式解決問題，他們招集大量馬來人和砂勞越原住民，對抗華工、鎮壓這次反抗行動。華工最後落敗逃離。

不過，看似弱勢的華工，卻也運用智慧和原有的功利性，取得生存巧門，在奪得經濟優勢後，反過頭來欺詐原住民。馬華作家張貴興便在作品《猴杯》中，細訴一個移民來砂勞越的華人家庭，如何翻轉自己的地位，並侵占掠奪砂勞越原住民的土地、剝削他們，以至於華土族群長達幾代，都活在反覆的仇殺之中。

然而，隨著時間的推移，不管願或不願，移民者和當地原住民逐漸通婚，也接受了本土文化，不論是開墾拉讓江的福州人，避入雨林中的武裝游擊隊，都落地生根成為真正的婆羅洲人。

當我們離開伊班部落，順著拉讓江往下游走，在返回砂勞越首府古晉途中略作歇息時，楊福生指著鴿子的雕像說：「這裡是和平城，也是馬來西亞政府和砂勞越共產黨和談之處。」

我沒有預料到會來到這樣的歷史之地，儘管當時我了解不多，也啊了一聲表示訝異。啊聲未歇，年過半百的楊福生兀自說起自己的身世，我們才知道他的父親曾加入馬共隊伍。「其實很多砂勞越華人都加入了共產黨，我妻子的母親也是。」楊福生說，他的岳母因參加共產黨而被抓，於是妻子從小就照顧家裡，這樣的經歷是很多華人家庭共有的，也沒什麼不可以說的。

從日本南侵開始，砂勞越華人便開始組織武裝部隊抗日，儘管日本敗北，游擊隊也不解散，繼續以驅逐殖民勢力為念，甚至期望在婆羅洲建立一個獨立於印尼和馬來西亞的共產政權。他們和中國共產黨連結，直接受北京遙控，中共也派人來此教學，灌輸華人子弟共產觀念。當時許多中學生都跟著老師走入雨林，但鮮少活著出來。

我們所經歷的這個跳著犀鳥舞的神秘雨林，便也長時間住著一群拿個槍械過自己生活的共產游擊隊。

儘管在共產國際的思想下，共產黨並不強調國族主義，不過，致力於剷除紅色風暴的東南亞諸國政權多半將力氣對準華人，直認他們和共產中國聲息相通。如今在大部分的歷史論述上，仍將東南亞共產黨等同於華人。

張貴興在《猴杯》中，便點出了這段關連：

> 山麓下是流往拉讓江的漢河……約一百公尺山腰上有一片廣大坪林，長滿熱帶雨林，從河畔仰視，或從鳥瞰，坪林浩不顯眼奇特，但在叢林華蓋下，隱藏著聞名全國的揚子江指揮中心……坪林……聳著兩根主旗杆，杆上吹著中華人民共和國五星旗和揚子

——

倚著牆抽菸的伊班老人，看著笑鬧的孩子，眼神悠悠。張牙舞爪的紋身覆蓋在乾瘦老人身上，我忍不住指著他的喉嚨問：「難道不痛嗎？」他連喉頭都刺青。

「不痛，不痛。」遇到難得的聽眾，老人家精神了起來。這是他的勳章。這裡八十歲以上的老人都帶有紋身，我曾見過一百歲的老頭目紋身多得和他的皺紋一般，還能揮刀展現昔日威風。對他們來說，紋身要刻得黑，才是好－黑色的紋身照亮他們死後的路，刺青越是黑，往生者的世界越顯白。而伊班人的刺青會說出主人的故事，就像護照那樣告訴別人主人去過的地方，或像證書那樣，印著主人做過的事。

「你幾歲了？」我問眼前的老人，「日本人來的時候我才十一歲啊。」不知為何，每當我問起這些老人的年紀，他們總以日軍來的時間計算，生命中的大事件就是拿著獵山豬、獵人頭的劍矛，對抗這些叢林的入侵者。「我殺了日本人，所以，我有這個。」老人指了指背上的刺青：「那個時候，我十一歲。」

看著老人身上的紋身，我不禁一陣心驚：他所殺的「日本人」，或許來自台灣？

——

為了和中國之間長期作戰需要，日本在一九四一到一九四五年，發動南太平洋戰爭，攫取東南亞豐富資源，台灣正是他們南進的跳板。

當時日本殖民政府徵招近二十一萬台籍軍人到南洋打仗，估計約有三萬多人客死他鄉，作家李喬曾在《寒夜三部曲》最終部大量描述客家青年彼時在南洋戰場上的掙扎，而出身婆羅洲的馬華文作家李永平也曾在《望鄉》中，提及那些沿街唱〈望春風〉、〈雨夜花〉的「日本兵」。

「由於北婆羅洲一代華僑眾多，日軍怕他們血濃於水的民族情感，軍部希望台籍監視員改日本名字，以免華僑知其身世，洩漏軍情。」文史工作者李展平曾藉著柯景星等台籍日軍的口述紀錄，回顧這些負責監視盟軍戰俘的台灣人心聲。而柯景星的戰友周慶豐則在訪談中回憶：在南十字星椰空下，他們唱著〈河邊春夢〉等台灣民謠改編的日本軍歌思鄉。因為和戰俘長期相處，同樣在生死邊緣徘徊，他們在不知不覺產生共生之情，在殘酷的殺戮中，原本「為天皇而戰」的信念也慢慢淡去，罪惡感如影隨形。

這二十一萬台籍日軍中，有二萬多名數台灣原住民，又稱「高砂義勇軍」。清朝統治台灣時，將他們視為「化外之民」，而日本殖民政府則強制馴服原住民，讓他們為天皇而戰。人類學家蔡政良曾追尋著阿美族老人洛恩記憶之路，來到南洋戰場，並寫下《從都蘭到新幾內亞》：「今夜我們將前往大日本帝國最南方前線支援作戰，那是個海上男兒就該去的戰場，讓我們為天皇而戰，幫助日本皇軍打贏這場大東亞戰爭吧！」洛恩的隊長這麼大呼後，眾人唱起了〈台灣軍之歌〉：

遠方太平洋的天空，發出光芒的南十字星

黑潮波浪飛濺在椰子島，衝破怒濤穿越赤道線

守護南方的是我們台灣軍，啊啊～紀律嚴明的台灣軍。

我不知道伊班族老人家砍下的「日軍」，是不是台灣人？但我不免想像出一段荒謬情節：兩個島嶼的土著在這裡互相砍殺，他們看不見彼此身上的紋身，也不認識獵人頭的劍矛，只知持槍殺死一個敵人，就能在身上紋了一道痕跡。

許多台灣人喪生在這裡，有些人則藏於此，沉默終生。但這都是荒煙蔓草的過去，即使有人認真書寫出來，都是後人勉力拉出一角，活著訴說的少之又少，不若這位伊班老人能健壯說著自己。但他的健語無法回應我心裡的好奇：「你有沒有看到身上同樣刻著圖騰的敵人？」話未說出口，我便想起，紋身，早被日本殖民政府禁止，因為那不夠文明，是野蠻。

皇民化，即是去除野蠻。去除的是身體象徵的野蠻，文化象徵的野蠻，而非戰爭殺戮的野蠻。為了表示效忠，展現文明的尺度，被剝去野蠻身體和文化的台灣原住民，上了「不野蠻」的戰場，去對抗「野蠻」的南太平洋土著，掠奪不文明的南方人。

——

「我的工人就從那一邊翻過來。」一開車載我們往返伊班部落的途中，砂勞越友人蔡裕勝比了比遠方的山說，那是婆羅洲內的國界，也是馬印衝突的戰線。山的另一邊是加里曼丹，屬印尼領土。在古晉附近擁有畜養場的蔡裕勝曾隨印尼雇工返鄉，直覺那裡是個「失去文化」的貧窮土地。

世界第三大島婆羅洲被切分成四塊，分屬三個國家所有：南邊的一大塊是印尼的加里曼丹省，砂勞越和沙巴擠蹭在北邊，是馬來西亞屬地，他們之間還卡著一個小小的汶萊。

如分蛋糕般的切線，是殖民者的刀所劃。十七世紀，荷蘭人便已進入婆羅洲南部，但直到十九世紀才正式殖民這個被稱為加里曼丹的地方；與此同時，英國得到北婆羅洲的統治權。兩個歐洲強權擠身一島，勢如水火，紛爭不斷。於是，在一八九一年，協議劃定邊界，以婆羅洲東北海岸與北緯四度十分線之交界為重要參考點。昔日為了利益分配而劃分的勢力邊線，就成為今日婆羅洲內馬印兩國的國界。這條邊界線也成為馬來西亞獨立之時，與印尼交戰的「馬印戰線」。

二次大戰甫結束，印尼便搶先宣告獨立。受到孫文領導的民族革命影響的蘇卡諾，在日本支持下，領導印尼獨立。他一心想打造「大印度尼西亞」，讓南太平洋群島和馬來半島的馬來人共同脫離西方殖民勢力，建立自己的國家。

但是，為了防堵共黨勢力在亞洲蔓延，英國以力挺馬來西亞獨立建國換得馬來半島和婆羅洲共黨力量的消滅，左傾的蘇卡諾不滿西方強權雙手還扼在這個區域的脖子上，質疑馬來西亞是英國傀儡，不惜干戈相向。婆羅洲便是當時重要的戰區，加里曼丹與砂勞越和沙巴的邊界，戰火連綿。

一離開伊班部落，蔡裕勝便將車停在一排簡單的雜貨店前，讓大家能歇歇腿，剛剛他所指的山麓戰線，近在眼前，站在這裡，我們都可以想像游擊隊在這山巒間穿梭，砲彈橫掃，你打過來我炸過去。而如今，原屬敵方的印尼人會翻過山來當苦力或幫傭，也有些人為了購買日常生活用品而跨越國界，我們所在的這個簡陋雜貨店，就是他們的目的地。相較於一般馬來西亞人的商店，這裡提供便宜又簡單的商品，而商店和商品都寫著和馬來文沒有太大差異的印尼文。

當代馬來西亞的官方語言和印尼的官方語言，同屬馬來語。這也是蘇卡諾不滿馬來西亞另外獨立的原因，他們理當是一個大民族國家。而華人在這個爭戰中，有著自己的立場姿態，也有著自己的戰要打。

蔡裕勝車上除了我們幾個台灣人，還有一隻小豬。他打算將這隻小豬和土著交換野豬配種。經過大半天的顛簸，小豬在籠內跌跌撞撞到口吐白沫，我擔心還沒到目的地，這隻小豬就陣亡了。車停穩後，蔡裕勝打開後車廂察看：「好險，豬仔沒有回唐山。」

聽到這兩個字，我直愣愣看著蔡裕勝，噗嗤笑了出來：「唐山耶。」除了小時候看的電影《唐山過台灣》之外，我幾乎不曾聽過身邊有人提到「唐山」，甚至以它來借代「中國」。這個詞彙對我來說像是塵封在古字典裡的文字，拿出來時，會抖落厚重的塵埃。

不過，東南亞華人卻時常提起，提到它時，卻非「中國」的意思，而是死後的歸屬之地。或許是過去移民理解落葉在此生根，此生再也無法歸去，只有生命了結，魂魄或許才有機會歸入祖籍鄉里，使用到現代便約定成俗了。這些用詞都是一種難解的族群情懷。

「我們的小孩都已經不會說家鄉話了。」重新上了車，握住方向盤的蔡裕勝突然丟給我們這句話，語氣中帶些遺憾。他是福建客家人，祖先在清末動亂時，帶著全家族逃到新加坡，再往北，最終定居在砂勞越。他所指的家鄉話並非華語，而是客家話。「你去過印尼，應該知道，那裡已經什麼都沒有了。」在他眼裡婆羅洲另一邊的加里曼丹不只落後貧窮，連文化都沒有，「印尼華人除了保有傳給當地土著的草藥皮毛外，失去了自己的傳統和語言」。

蔡裕勝解釋，家鄉話消失是華人社會所迫。在一九七〇年代族群衝突陰影下，大馬政府制定了「新經濟政策」，雖以平衡經濟差異為名，實則壓制華人較具優勢的經濟地位。平時各擁祖籍會社的華人，決定打破藩籬，團結一致，對抗占據政治文化優勢的馬來族群。

團結的第一步，就是語言。為了克服南腔北調的隔閡，語言就要統一，華語教學更要認真。於是，孩子們在學校說華語，大人也說華語。不論來自廣東福建或者海南，「都是華人」。就像台灣推行了「國語運動」，母語和方言也漸漸不再彈動於年輕一代的唇齒間。

「沒有辦法，如果每個人都說自己的家鄉話，隔閡和紛爭還是在。」蔡裕勝說在馬來西亞，華人以家鄉話和同鄉會形式，維持對「祖先家鄉」的認同，他們認同的並非遙遠的中國，而是說著熟悉方言的「故鄉」。然而，當語言統一，代表祖籍認同也鬆動了，大中華的認同取代隔山繞海的族群地理認同，登記在身分證上的「華人」身分，也比福州人或潮洲人來得具體及有辨識性。

為了不忘祖國文化，華人自己開辦學校，這些學校被稱為「獨立中學」（簡稱獨中），屬民間自營的私立學校，馬來西亞政府並不承認這個學歷。即使如此，大多數華人家長仍將孩子送到學費昂貴的獨中就讀。他們認為這些成本相當值得。蔡裕勝家的四個小孩便是如此。

在他家作客時，活潑外向的老三拿出運動會募款單請我們增加他的「業績」。當我們交給他幾塊馬幣後，老大和老二也接連將募款單遞到我們面前，我們這才發覺這是一個全校性活動，蔡裕勝笑說：「作為校友、留台同學會、家長⋯我手上也有五張募款單。」為運動會募款僅是一個名義，畢竟，不能單靠學費支持一個學校的營運，因此學校必須向華人社會募款，學生也需擔負一些募款的責任。這是堅持華語教育所需的代價和成本。而這些犧牲，都是為了維持華人和馬來人之間不變的族群邊界：「我們千萬不能被同化！」

——

我從婆羅洲帶著許多問題回台灣，在台灣大學讀社會學碩士班的陳民傑成為我的諮詢對象。出生西馬的他，對東馬（婆羅洲）也不甚熟悉，不過，當我對他談論起殺日本的土著老人和婆羅洲共產黨的故事時，他竟也能以家族故事回應：「關於日本侵略和捕抓共產黨的悲劇，不只發生在婆羅洲。」

陳民傑的祖父一九二〇年代從廣東潮州到新加坡，再北上來到馬來西亞的大港，依託潮州同鄉會而定居下來。這個家族原為了避開中國戰禍來到馬來半島，卻又在這異鄉遇上日本人和戰爭。在家鄉父老的心中，日本人真是窮兇惡極，只要他們經過，家裡的東西一定會被破壞，飼養的家禽也會被吃光，「有一次，聽到日軍來村裡的消息，村人急著躲起來，當時大姑年幼來不及被帶走，留在村子裡了。」陳民傑說，日軍並未欺負他大姑，反而親切地問她會不會餓，還拿東西給她吃，「所以，我大姑常說，日本人也不是壞人。」

家族來到馬來半島這段期間，英國人走了日本人來了，日軍走了，英國人又來，直到馬來西亞獨立。大港原本是遠離政治經濟之地，對村人來說，日本人和英國人都沒什麼差別，馬來西亞獨立時，他們也無所事事地拿著國旗揮舞。不過，陳民傑的父母年輕時對政治有想像，曾投身於勞工黨左派組織中，在冷戰時期為當局所不容，時常被抓捕入獄。陳民傑出生時，父親便在獄中。

從此，陳家長輩一如其他馬來西亞華人一般，不關心也不討論政治。

馬來西亞華人毋寧說是對政治冷感，不如說是由馬來人主導的政治，不容華人參與。馬來族群的政治優勢，源於英國殖民時期，獨立之後，大馬政府依然保護著馬來人的政治文化位階，不容挑戰。一九六九年，反對勢力取得過半得票率，首次超越了聯盟政府，反對黨欣喜若狂上街慶祝，卻遇上一些激進的馬來人反對示威，短兵相接之下，爆發流血衝突，這樣的衝突零星四散在全大馬，歷史上稱之為「五一三事件」。這次族群衝突記憶成為馬來西亞人沉默的陰影，經歷過那場衝突的大馬人都心有餘悸，很怕一不小心就出亂子。

「我的媽媽很緊張，每次有什麼風吹草動就會問說會不會亂，要不要去買糧食，那都是五一三給他的陰影。」陳民傑說，二〇〇八年大選在野黨勝利，許多民眾不見笑容，也不敢大肆慶祝，就是怕五一三事件再次發生。

如同台灣二二八所埋下的族群衝突仇恨，馬來西亞官方和媒體，至今都還未對這起事件有任何解釋或報告，讓這就像是一個口耳相傳的秘密，但大馬年輕華人的心中都清楚。

我也曾和檳城出生的梁友瑄討論過「五一三」，她在台灣求學時，曾協助白色恐怖時期的紀錄調查，每次訪調都會想起家鄉那些政治歷史，她也想像台灣一樣，追索和記錄這樣的民間記憶，所以，她將攝影機對準了母親，準備反身觀照自己國家「不能說的秘密」。

梁友瑄的母親在鏡頭前訴說那一晚她在外面多麼害怕。事件當天，她躲進別人的家裡避禍，然而，「附近馬來少年一直破壞我們的房子，砸破我們的屋頂。」華人社區的房子幾乎遭殃。從這一天起，華人便害怕政治，也認為自己失去了參與政治和社會議題的權利，「只要不出亂子就好。」

和其他華人一般，梁友瑄的母親總將馬來人批得一無是處，而這樣的歧見也影響著下一代。雖然梁友瑄一個馬來朋友都沒，但她就是討厭馬來人，對他們感到恐懼。然而，這些年來，梁友瑄的母親開始願意和馬來人聊天，在市場賣東西的她也會誇獎有些馬來客人個性好，像是相處久了，慢慢的就放下偏見。

反而是來台灣生活久了、認為自己能化解族群衝突和偏見的梁友瑄，有一天走在路上，遇見一個問路的馬來人，卻本能地往後跳，防衛性地問：「你要做什麼？」事後，梁友瑄反省並感嘆：「要真的放下族群之間的心結，真的還有好長一段路要走。」

第三部

身分的岔路

香港

成為香港人

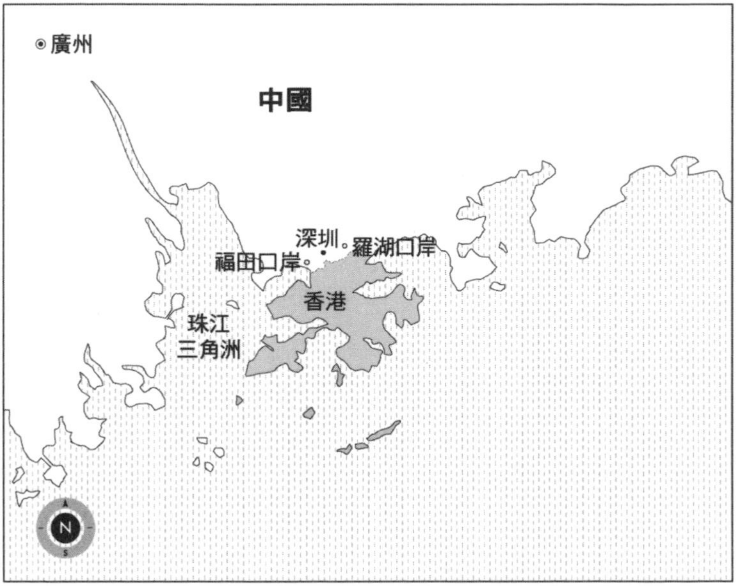

第一次由香港進廣東時，我選擇搭乘巴士入境，這是因為我對「邊界」著迷，也對跨越「一國兩制」分隔線感到好奇——這兩地分明是同個國家，卻有邊防界線。

開往「內地」的巴士站，就在機場旁，車站非常簡單，只是一層水泥間，外頭立著幾根通往南方城市的指示牌。十多名乘客百無聊賴地等著站務人員的乘車呼喚，沒有人像我這般緊張。

車子是否會準時進站？我是否會錯過車次？到邊防時會出現什麼樣的問題？不論我有過多少次跨越邊界的經驗，體內的腎上腺素都還是會飆升、心跳會加快。這是我第一次試著由陸路進中國，竟像是面對一個未知的生死賭局一般緊繃。波蘭著名記者卡普欽斯基在搭乘西伯利亞鐵路穿過中俄邊界時，曾寫過：「邊界是種壓力，甚至是種恐懼，較為罕見的深遠意味則是解放，邊界的概念可能還包括一種終結；門在我們身後永遠的關上：那就是生死間隔。」

一輛小麵包車駛過來，說著廣東話的站務人員大聲嚷嚷：「深圳，廣州！」我慌慌忙忙地和另外幾個人擠進這輛八人座小車，車裡都是操著普通話的乘客，聽語氣多是返鄉，因此，當司機收攏大家的旅行證件時，我的橄欖綠台胞證在一疊紅色護照間，突兀且顯眼。

小車繞了幾個彎，快速朝北方駛去，上了筆直的公路後，天色逐漸由白轉成灰橙，整個香港大城像是被吞沒般，漸漸淡出。當小車靠近邊防時，前頭已經排了等著過關的車輛，它們焦躁地探出頭，隊伍長長的卻又不太整齊，一點一點往關防移動，只見如高速公路收費站一般的關防裡走出了一個人影，朝我們這台車走過來，此時，司機也俐落地打開窗戶，就像繳交過路費一般快速將這些身分證明在邊防關卡中遞出。

驗證官是個年輕人，他探頭數了一下車內人數，蓋上關防章，我們出境香港！司機再度催了油門，但車輪滾動十多圈後再次停下：中國邊防到了。我從車窗回望，原來香港和中國大陸之間的距離，大約只有一個操場。

中國海關也是個穿著筆挺制服的青年，他也朝窗內點了點人頭，在證照上蓋了章，我們入境中國！

成功完成首次陸路進中國的體驗後，往後進出廣東，我便都由香港陸路進出，不再焦慮慌張，也不再感到新鮮，還嘗試了其他形態的過境。例如從深圳的福田口岸到香港，其通關方式一如機場登機，通關者排隊等候驗證，越過一段橫跨深圳河的單臂斜拉式天橋，就到了另一地的關防；持中國大陸居民證的或像我這樣拿台胞證的，都得通過一樣的程序，但擁有「香港永久居民」證件的人只需「刷證件」便能通關，就像我們進入捷運站一樣簡單俐落。

這就是深圳往來香港最常見的交通方式，在某種意義上，幾乎和台北轉運站的功能一樣。的確，當我從羅湖口岸通關後，搭上地鐵，直往香港中心前進，車廂上，不論是看報的老人或提著菜籃的婦人，都讓「跨越邊界」成為一道自然的風景，彷彿是生活中最平常的一部分。而在香港和廣東間往返，也不覺得有文化隔閡或差距，這也表示他們之間的文化社會邊防越來越顯無形。

邊防大開，或許是經濟推力使然。

「我們花的是人民幣，感受著物價攀升，但我老公賺的是港幣，眼睜睜看著港幣縮水。」高中同學小鴨和我約在深圳的一個購物中心見面，聊著兩岸生活的種種話題，她是台灣去的「打工仔」，在陸企服務，丈夫則為設點在香港的台灣銀行工作，每日通過福田口岸到香港上班，週末逛街也在香港。港人到「內地」上班，廣東人到香港購物，每日在邊境口岸流通的不僅僅是人潮，還是錢潮。「世界是平的」的哲學，在他們夫婦身上鮮活體現著，經濟生活毫無國界可言。

轉接兩地的羅湖口岸，當年正是兩個貧富差距極端世界的分界點，為了逃離貧困，過上更好的日子，許多住在邊境的人不惜冒死逃到香港尋找新生活。有一次鄧小平聽完廣東人逃難香港的匯報後，只說了一句：「這不是部隊管得了的。」當時他已著手計畫改革開放政策，希望能打開中國的大門，但接著幾年，中港間長達二十公里的邊界線，仍只開了個小口，邊界檢查仍然嚴格，而逃到香港的人，壓根也不想回去，好長一段時間，邊界兩頭就像是什麼都沒發生一樣，沒有變化。

然而，三十年後的今天，鄧小平對「南大門」的想像已經基本實現。

八〇年代，中國改革開放初期，香港已呈現發展停滯的狀態，香港企業亟需便宜的勞力和資源，而中國大陸也需要從香港進入的資金；清末從南方扣開中國大門的西方列國和商人們，到了這個新時代，仍得取道香港北上中國，甚至還得藉由香港和中國之間的特有關係，推行商業貿易。香港和中國之間的通口，越開越大，雙方的往來，也從涓細流滾成洪流，界線消弭了，港人和粵人也日漸難分了。

香港回歸後，整個珠三角更形成了一個堅固的經濟體，無論如何，大蚌一般的珠三角都已將驕傲的東方明珠，含在嘴裡，因為香港深深嵌入了粵地，廣東也密密地將香港拉近。從前的香港人從心底蔑視內地阿燦，現在，則轉而自嘲那些不識中國經濟發展的人為「港燦」了。

不過許多香港年輕世代不這麼想，他們抗拒「內地」的逼近，逼得本就寸土寸金的香港，地價飛漲、樓都買不起了，金錢和發展遊戲像是失控一般，加了一個不得不扛起的沉重包袱在他們身上。一個和我同世代的香港漫畫家從香港回歸時就感漠然，近年來因中國經濟的侵入，才有了真實的感受，我們擠湊在他和同伴在灣仔租賃的狹小工作室時，常聽他忿忿說著回歸後的種種社會不正義。他居住在新界靠近中國邊界那端，每日跋涉到香港的黃金地段工作，他離中國很近，心離中國很遠。

—

香港和深圳之間，只以寬不過三十公尺的深圳河為界。這條河在一九八〇年代前，曾浮過許多屍體，見證許多逃難故事，她靜靜地看著兩岸的悲歡離合，萬千變化，看著一代又一代香港人，各自說著自己的歷史和認同。

香港社會學家呂大樂口中的第一代香港人，指的就是戰後那些為了躲避戰禍和諸多政治運動而來港的人，如作家劉以鬯、金庸，甚至自由派學者錢穆：「正因為他們不是土生土長，更因為他們早年仍然盼望著有回鄉的一日，在有意識與無意識之間將自己熟悉的一套帶到香港來。」這些南逃的中國知識分子和企業家，將資金和企圖心都投注在這個蕞爾小島，成為香港發展的基礎。當時廣東和香港的邊界並未封閉，難民就這麼跨越邊界，香港殖民政府給他們臨時證件，留下了他們。香港小小的肚腩裝進了偌大中國的四方離散。

但再怎麼大的胃納量都裝不下整個中國，更何況香港只是蚌殼，裝了珍珠就裝不了沙，難民不能再進來了，邊防也在八〇年代關上，架設的鐵絲網劃開了和中國的聯繫，像是切斷臍帶一般，香港的文化認同邊界也圈固起來，至此，香港的主體性才真正成形。香港文化人陳冠中說，那是香港人真正丟掉「中國身分」，說自己是「香港人」的開始。

處於戰後嬰兒潮的陳冠中，算是第二代香港人。他一九五二年出生於上海，祖籍浙江寧波，四歲時舉家遷到香港。他在《我這一代香港人》中寫著，過去的祖父輩都把香港當做一個「南下」的避難所，直到他們這一代才對香港有認同，而中國大陸對他們來說，反而是個帶點恐怖、被隔離的「陌生鄰區」。

這是世代的距離，也是認同的邊界。三十多年後的今日，中港經濟地位幾乎無差距，大陸人來到香港，不需要避開軍警，不需翻越鐵絲網，更不需要拋開身分，也不需要繁複的入境申請，便能自由往返。但「成為香港人」這件事，仍是一個翻越邊界的過程。

過去，大多數移居到香港的大陸人，總是掛著「大陸落來的」身分，而後一步一步，一階又一階地往融合又適應的路上前進，就像是從「綠印」居民證等到「黑印」居民證的過程中，接受了自己的存在，最後才能成為「香港人」。

如今，只要大陸孕婦能付得起到香港生產的費用，孩子一落地就是香港人。

「我在深圳的醫院產檢時，總會看到許多宣傳單，上面寫著只要五十萬，就能包辦到香港生子的各種服務。」挺著七個月大肚子的高中同學小鴨搖頭說，這已經變成另一種「產業」了，不過設身處地一想，也能理解：儘管在深圳能賺錢，但要過上自由的生活，還是得在香港，「現實地說，香港護照比較好用。」

在香港生子仲介的網站上，名列著赴港生子的優點，不外乎「寬鬆的人口政策」、「在香港出生的嬰兒即屬香港公民」、「可享有香港的社會福利」、「香港實行十二年免費教育福利」、「就業和發展優勢，香港護照享有全球一百三十五個國家免簽證」及「香港的醫療服務是全球最優秀之一」等等。

根據香港食物環境衛生署統計，二〇〇九年上半年，大陸孕婦在香港分娩的嬰兒數有一萬六千七百多名，占香港出生嬰兒總數的百分之四十四。而這些新生兒之中，約百分之七十八點三的嬰兒父母都不是香港人。媒體報導這類現象時會強調，赴港生子的孕婦大部分都是為了「超生」，為了多生一胎甚至多胎，只有少部分人是因為想讓孩子獲得香港的居住權，「孩子以後是香港人，在老家也有面子，費用也比罰款便宜多了。」報導中引用了個在港生下兩胎的產婦說法，稱所付出的十萬元人民幣「很值」。

這麼一個「太平盛世」，幾乎不會有人為了避禍而離鄉，「求生」卻仍是移動的標準，從北方移到南方，從南方移到香港，都是為了更好的生活，但所謂的「好」，相當主觀，有些人可能認為物質享受是好，可是有的人卻是渴求一個自由的身分或自由的空間。

儘管香港回歸，經濟活動活躍，人口流動也比過往容易，但邊界從未消弭，心裡的邊界尤是，社會中時常傳出店家對於陸客湧人的不滿，也擔憂大陸人湧來狹小的香港，搶占他們的資源和機會、增加他們的負擔，這或許是每個地窄人多的小國／小城市潛意識中的自我保護，台灣社會也泛著如此恐慌議論，這些恐懼因此反映在社會和政策上的諸多排拒中。

政府時常是形塑此等偏見的推手。香港社會運動者葉寶琳曾寫過一篇文章指出，香港政府利用許多污名化方式，把這群來港婦女推上邊緣位置，例如宣稱大陸孕婦常拖欠住院費用、醫管局每年需要額外動用一億多元處理大批大陸孕婦湧到公立醫院生產的情況、拒絕不肯繳清費用的大陸人士入境等。「但我們可見這措施並未能令到內地孕婦來港分娩的人數有明顯減少，只是將這批內地孕婦中的三成半人『趕到』私家醫院。」葉寶琳說。

「他者」的聲音和經驗在每個社會都有同樣的遭遇，被沸鼎人聲淹沒，只剩下微弱的喘息。不論那些被概化成統計數據或單一故事為何，他們就是他們。我好奇的是，那百分之四十四生產在香港的嬰兒，他們長大後會這樣看待自己呢？香港人？大陸人？

——

天安門學運發生後的第二十個初夏，五月的最後一天，維多利亞公園就已擠滿了人，黑黑白白的布帷旗幟紙牌，由著「血染的風采」歌聲鼓動飄揚，催動上萬人往中環政府前進。老人推著輪椅上的老人，大人牽著小孩，平反六四的口號不絕，平日喧嘩的商業鬧區此時卻成為激昂戰地，鏗鏗鏘鏘，規律的口號如鼓聲，震撃了大半個香港。。

距離天安門前那場血腥鎮壓，已經快二十年了，香港市民對著千里之外北方的中國政權喊要求平反，也已二十年。全中國，乃至全世界的華人區，沒有那個地方如同這塊被輕視為資本主義發展功利社會的百年殖民地一般，如此執著記憶一場無關於己的民主死胎。

結束了一段長長的遊行後，那個晚上，我們聚在灣仔的某間樓房內，將白天疲累的雙腳翹起，看著最新出版的六四紀錄片《流浪的孩子》——對那些有家歸不得的民運人士來說，不論世界局勢如何變化，時間始終是凍結在離家的那一刻，當昔日的青春豪氣如歷史鏡頭一樣褪去顏色，只有回家的渴望還是鮮明強烈。癱在沙發上的我們，沉默地品嘗著那些滄桑，冰冷的啤酒被遺忘在旁，冰塊融化逐漸苦澀，和他們的故事一樣，越看背脊越挺，肩頭也鬆不開來。

「為什麼香港人如此執著於六四？」看完紀錄片，我忍不住探問。這部紀錄片是香港人拍的，該年，香港出版許多六四相關書籍和紀錄片，香港各界舉辦很多活動，甚至連年輕學子都規劃了系列文化活動或行動藝術。

「六四，多少有點改變香港人的認同。」從事社區保育運動的陳允中一邊為大家張羅啤酒一邊說。六四發生那年，陳允中以馬來西亞僑生身分在台灣讀書，直感當時除了一些學生外，台灣大學生對天安門運動相當漠然，和香港的盛情參與不同，「聽說，香港當年有一百五十萬人上街，高喊血濃於水。」

六四發生時，我才是個小學生，懵懵懂懂地跟著大人看著電視螢幕上那些熱血沸騰的畫面。只記得一個又一個年輕學子拿著大聲公輪流發言。在灰灰又略帶雜訊的影像中，有一句話我到今天都忘不了：「我們用生命寫成的誓言，必將晴朗共和國的天空」。依稀記得台灣的大學校園裡也有相應的支持活動，慷慨激昂的，不料，二十年後，我才從這些人口中知道，當初熱情號召參與的，僅是港澳留學生以及少數台灣學生，大部分人都是冷漠的。

「台灣學生從天安門前學子的行動訴求反思到自己的位置，他們不願盲目呼應，認為應該展開自己的戰線，在自己的土地上。」二十年後的六月四號這天晚上，只有極少數台灣人聚集紀念這個特別的日子，在微微的燭光中，討論當年的立場想法。對這群和中國六四世代同輩的台灣知識分子來說，這場北方的運動只是更凸顯和確定港台乃至兩岸關係的差異：香港人是情感上越發靠近，台灣人則是理智上趨於疏離。

這一年，我們幾個台灣人飛到香港，夾在遊行人群中舉著A４紙印成的「紀念六四，台灣在乎」，似乎有種瞎湊熱鬧的民主觀光客模樣，於是，越走越心虛：「我們到底代表了誰？」畢竟香港一連串紀念活動顯得激昂，但隔岸台灣平靜無聲。

因為，六四，改變了香港，卻沒有影響台灣。

「六四是我這一代香港人最重要最徹底的民主教育與愛國教育。」遊行前一天，我們和梁文道約在彌敦道巷內的咖啡廳中，他是出生於七〇年代的香港文化人。以往都是讀他的文章，第一次見到他本人頗為吃驚，因為他說得一口字正腔圓的普通話。那時，我才曉得和我幾乎同個世代的梁文道，小時候和我接受同樣的「愛國教育」，也在那個時候學得一口標準的普通話，鎮日學習如何「愛中華民國」，但回到香港，他才發覺香港人沒有政治認同。

在六四之前，對香港人來說，「香港」只是地域觀念。百餘年前被收進了米字旗中的香港，未曾被日不落國視為女皇的子民，小島上的人們便依據自己原有的文化性格生活，從不被攏於國家概念之中。

梁文道笑說，英國在香港最高明的統治是「倫敦不曾出現過」，「全世界的語言歷史學習都是國民身分認同教育的一部分，唯獨香港不是——既沒受到英國認同教育，也沒受到中國認同教育。」香港人雖然學中文與中國史，但沒有藉著這些課程把自己訓練成中國國民，學校教鴉片戰爭，就像在美洲發生的戰爭一樣，「這使香港對中國現在的民族主義有距離感，不但無法理解，而且難以介入。」但八九後，這一代人變得異常愛國，開始談五四精神，也大講民主，連那些平常專寫風花雪月的專欄作家都突然討論起民主。

對「香港人」而言，「六四」和「九七」一樣，都是抹不去的記憶符碼，這兩組數字或許加強了說不出理不清的感受思緒，只求安穩過日的香港人開始正視原以為無力或者逃避的「政治」。冷漠而現實的香港人，走上了街。

不僅如此，六四變成一個符號，頑固地存在。

對香港人來說，這段發生在遙遠京城，甚至許久之前的往事，在每一年的初夏傳承了下來，即便是事件發生時仍牙牙學語的娃兒、還是蜷在子宮的胚胎，甚至連受精卵都不是的年輕孩子，都絞盡腦汁讓自己「踏進歷史」。一個年輕人做了一個天安門城樓似的鴨籠，名為「愛國鴨做愛國事」，上頭寫著：「即使鴨知道自己或自己的子女最高的存在意義是當一隻燒鴨，但它並不會因此而放棄交配。同樣，我們未必能在有生之年為六四平反，但也不會遺忘承傳這個理念下去的責任。」

這是香港說著民主和人權的一代人，他們清楚只有記憶六四，香港人才能夠看清楚自己不同於大陸人，只有紀念六四，香港人才懂得堅持自己的身分。他們不必堅持香港人或中國人的身分，只需要捍衛他們自己的價值觀，那是自由印記在他們身上的。

澳門
三本護照的身分認同

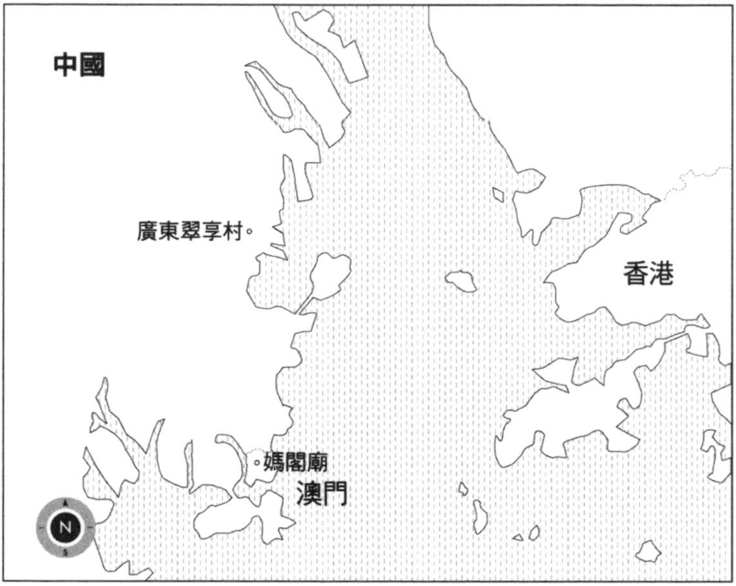

澳門議事亭廣場周邊的一大塊區域，洋溢著豔麗的葡萄牙色彩。從教堂到行政中心，偌大的磁磚拼地和顏色鮮豔的建築體，宏偉壯闊地說著了葡萄牙的殖民故事。但你拐進廣場斜對面的那片市井巷弄，來到福隆新街，則會看到處處掛著暗紅的燈籠，描著另外一種暗沉色彩，以一種神秘的姿態，淡淡地夾在葡萄牙航海史的書頁中。

二〇〇八年秋天，我來到澳門，抽出這一頁，細細梳爬著上頭的鉛字。鉛字仍利索，歷史已黃透。

我就居住在福隆新街的老旅館裡，這是香港導演喜歡的拍片場地，瀰漫著濃濃殖民時代的氣味——從掛著燈籠的窄門往二樓走，只見蘋果綠漆滿木牆，室內昏暗狹窄，帶點歲月腐朽的氣味。房間是木板隔間，頂上的大風扇呱拉呱拉響著，底下則是簡單淨白的床鋪，一個沉重的木桌，古式衣櫃和洗臉台，外加花色點綴的磁白痰盂尿桶。這個背包客爭著入住的復古式旅店，其實是昔日的娼館。

這條如今大多販賣觀光禮品的商業街，昔日聚集著市集、娼戶和「巴立坑」（葡語：

Barracoon）。巴立坑，是招工所之意，但實為「奴隸收容所」，殖民者將從中國收買、招募得來的勞力聚集在此，等著賣到世界各國去，而販賣人口所獲得的暴利，不下於鴉片。華人稱巴立坑為「豬仔館」，也將這些華工叫做「豬仔」。全盛時期，光是澳門就有三百家豬仔館，其中一家位於大三巴街的豬仔館大火，還燒死了許多人。這道傷疤在近代史上難以抹滅，漫布全世界的唐人街，便是這道傷疤的延伸。海外華裔，若追溯其源，不免要追到這段滿懷希望但又斥著血淚的故事。

諷刺的是，儘管豬仔慘事口耳相傳，「貨源」卻仍不斷。因為豬仔館兼營的賭檔讓許多人為了還債而賣身，豬仔館，不僅運營著海外勞力買賣，也帶動了澳門當時的博彩業。

不知是歷史的宿命還是弔詭，失去榮光二百年的澳門，如今卻是藉著博奕特區獲得生機。那些在賭場和觀光飯店工作的低階勞力，則多是從東南亞前來掙錢的移工，他們說著各式腔調的英語，彎腰服務著各國來訪的珠光寶氣客人。

當我踏進那些賭場，看著飯店內大水晶燈、誇張的壁畫，還有那些讓人昏眩的紙醉金迷，竟讓我有著如同置身福隆新街舊娼館一般的恍然，過去和今日的澳門，彷彿是帶著濃妝見人的婦女，因為沒有信心，而不願他人瞧見自身的素樸肌理。於是，我們看澳門，只能看到那片遮過歲月的浮華，心口總覺虛虛的。

曾在台灣讀書的澳門朋友阿福告訴我，因為澳門學校少，學子只好到港台甚至歐美留學，「但現在澳門學生都喜歡留在澳門讀書，因為可以在賭場半工半讀。趁學習的時候，盡快卡位，在賭場工作。」頓了一頓，阿福繼續補充：「因為，在賭場工作輕鬆又好賺。」

在阿福的言談中，絲毫不覺得澳門的博弈業不好，也不覺得他們失去什麼。連我們說要去澳門的漁村一窺，他都訝異地說：「那裡有什麼好去的？」小小的漁村、被殖民的記憶，也許都是現在澳門人想翻轉的東西吧。但，我覺得有些可惜：澳門不僅僅如此，也不該只是如此。

十六世紀，一群葡萄牙人登上了中國南方珠江口岸的一個彈丸大小的半島後，詢問當地人：「這是哪裡？」從媽祖廟旁經過的漁民，或許剛上香祈福走出來，也或許正準備祈求風調雨順，當他第一次看到金髮綠眼「番人」時，難免帶點疑惑、驚懼和好奇，

但仍如實回答：「媽閣廟。」這個誤會，讓這個貧窮又平凡的漁村，從此得到了「澳門」（Macau）之名。

這個漁民恐怕無法想像，曾經保佑過鄭和船隊七下西洋的媽祖，此時，引領了同樣繞行麻六甲和印度果亞的葡萄牙人上了此岸，為這個無聊安靜的內港，帶來翻天覆地的改變。

一定要去媽祖廟。我和朋友從澳門市區跳上巴士，才不過十多分鐘，便到半島的西南盡頭，只見一片長長的海岸，停著一艘寂寞的船，當巴士丟下我們轉回頭後，我們才發覺這裡實在空蕩寂靜，哪裡像是香火鼎盛的觀光景點？「媽閣廟在哪兒？」我們邊問人邊查看地圖，從海岸往目的地走，才在一大片葡萄牙式廣場和「海事博物館」旁，看到了一座中式廟宇。中葡建築並置的景象，讓我意識到，澳門，如同一個被歷史凝結的化石層，成了中國和西方交會那一剎那的證明。

當葡萄牙人在那個剎那從這裡推開中國的大門後，大量船舶嗚笛嗚嗚地進出港口，運送大批人力和物資，澳門再也不是個寂寞的漁村，成為東西界線的交口，數著亮澄澄的黃金白銀打門前經過，迎上第一次全球化貿易的高潮，也成為海上絲銀之路的重要驛站。

如同中國近代文化大儒季羨林所言，「在中國五千年的歷史上，文化交流有幾次高潮。最後一次，也是最重要的一次，是西方文化的傳入。這一次傳入的起點，從時間上來說是明末清初，從地域上來說就是澳門。」洋貨東西至，帆乘萬里風，澳門因此擁有了許多中國歷史上的「第一」：中國第一部西式印刷機、第一份西式報紙、第一幅西方油畫、第一個西洋樂器……。西方的宗教、文化思想和科學知識，也都順著這個口岸往中國內陸吹拂，滲進了中國近代歷史，一滴滴改變這個古老的大帝國。

第一個進入宮廷的耶穌會教士利瑪竇也是從這裡上岸的。

一五八二年，三十歲的利瑪竇帶著一張世界地圖、一個自鳴鐘、一把小提琴、一本《幾何原本》以及一本聖經，搭上一艘名為聖路易士號的商船，經歷半年的航程後，踏上澳門的土地，來到東方傳教。這個時候的澳門已因教堂林立，而被稱為東方梵蒂岡。不過，澳門不是他的終點，是他的過站，他得在這裡先學會中文和四書五經，好讓自己先變成個「中國人」，才能在這個陌生的土地傳教。幾乎每一個想進入中國的傳教士，都得走這條路。

即便晚清時期，南方依然是迎接西風的窗口，澳門仍然是先進思想萌發之所。以《盛世危言》影響光緒帝、孫文甚至毛澤東的鄭觀應，就是代表性人物。他在清末變法維新之際，提出君主立憲的主張，經歷許多問題和挫折後，身心俱疲的他退居澳門，專心寫作和思考。不過，他的影響力未退，不僅和孫文成為莫逆，也曾幫助逃亡中的康有為，中國近代維新派和知識分子，多和他有關，澳門也就成為了維新派和革命黨人的重要活動地點。

從媽閣廟沿著媽閣斜巷往東北直走，可以看到一個占地略大的嶺南古建築，那正是鄭家大宅。由於我們到達時間略晚，無緣進去一訪，只能在門口徘徊，我在這個古厝前，想像專心修寫《盛世危言》的鄭觀應懷著的心情，想像著維新派出入這個門庭的腳步急促，還想像著仍未投身革命的年輕醫學生孫文踏入宅第，和鄭觀應談論時事的表情。

出生在廣東貧窮鄉下的少年孫文，正是伴隨父親到澳門經商後，才開啟對世界的想望的：「始見輪舟之奇，滄海之闊，自是有慕西學之心，窮天地之想。」孫文雖在香港走上革命之路，但不論行醫或辦報，都是從澳門開展的，他甚至還把家安在澳門。澳門，是孫文從醫人到救國的起點。

我和同伴在十月十日這天，特意來到孫文在澳門的舊居參觀，原以為會遇見有趣的慶祝活動，不料，門前冷冷清清，停了一排車子安安靜靜，幾乎不見人車走動。我們吃了一記閉門羹：「慶祝辛亥革命，本館休息。」雀躍的心情無人回應，只剩外頭牆面懸掛著的「影像看台灣」的宣傳看板，與我們尷尬相望。

對澳門人來說，這個「國父紀念館」只有學校戶外教學的意義。和革命連結的這一日，澳門意興闌珊地打了個呵欠，彷彿百年前的風起雲湧都和它無關，我們到訪顯得太過一廂情願了。這樣的冷清，帶點認同的虛無，也像澳門這一百年來，一貫的平淡寂靜。

澳門文化評論者李展鵬擁有三本護照，但沒有一本等同於他的身分認同。

「我們一出生就有葡萄牙護照。」李展鵬是大我兩屆的大學學長，家人在國共內戰後，從大陸逃到澳門，他便在葡萄牙統治下的澳門生長，「殖民時期的葡萄牙無心治理澳門，所以那本護照與其說是身分，不如說只是一種旅行證件。」這是一本他最常使用護照，但那也不表示他和葡萄牙「關係明確」，僅僅是陪伴最久，也比較「好用」。

當他入境台灣，便會使用台灣護照。這本護照是他在一九九三年來台灣讀大學時拿到的：「港澳當時屬殖民狀態，以正統自居的中華民國政府，於是認定港澳僑生只是暫時被外國人統治而已，我們仍然屬於同個國家。」李展鵬承認，這是本很少使用的護照。

一九九九年那年，澳門回歸，李展鵬擁有了第三本護照：澳門特區護照。「我的官方國籍是中國，但我還沒和這本護照建立什麼關係。」

這三本護照是近代澳門人的身分縮影，邊緣的位置以及模糊的認同。我手中的《解密澳門五百年》中便提到：「從一九五〇年澳門街豎立三色牌樓開始，在不同節日，便有不同的慶祝方式：十月一日是中華人民共和國國慶，牌樓便搭成天安門，上頭放著毛主席及高官相；十月五日葡萄牙國慶牌樓，就以燈飾為主，新馬路郵政局、仁愛堂會開上太陽燈；十月十日雙十節慶，牌樓則便成藍色，畫上青天白日旗。」

不過，澳門的模糊，漸漸被五星旗收攏，成為一個具體的現實。我到澳門的那個十月，澳門議事庭前廣場牌樓一直懸掛著慶賀中華人民共和國國慶字樣，直到雙十國慶，都沒有取下的意思。

在一家叫「邊度有書」的獨立書店裡，我約到了搞劇團的書店合夥人阿 J。書店位於議事庭廣場噴水池旁邊的咖啡店樓上，一推開門，便可看到貓在書堆中竄跳著，擺的書多是港台出版的繁體中文書。

和李展鵬不同，阿 J 只有一本中華人民共和國護照，「因為我在北京出生。」從北京到澳門，她都未思考過國家的問題，直到在香港讀書時，遇上了六四，便也和其他香港同學一般，深受衝擊，重新思考國家的意義，「六四，把我推離了中國，我寧願說自己是澳門人。」說起話來輕柔但有個性的阿J倚在窗前沙發，有些認真但也有些慵懶，貓在此時輕跳而過，她順了順貓的毛。

阿J的話，讓我想起香港嶺南大學助理教授葉蔭聰。葉蔭聰也是個到香港讀書的澳門人，他甚至還到台灣讀研究所，最後在香港定居下來，並活躍於香港的社會運動，致力於公民社會議題。在一次聚會中我們曾經談過類似的話題，他的答案是：「我認為自己是中國人，所以對它有份責任。」

葉蔭聰出生之時，澳門的親北京政權已取代國民黨的勢力，控制了民間社會，恰與「中華人民共和國」同天慶生的他記得，小時候生日時，滿街五星旗飄揚，而大家都討厭國民黨。我忍不住好奇：「可是澳門和孫文關係那麼親近，還有個國父紀念館呢。」葉蔭聰笑答：「可是，孫文並不等同於國民黨，他在共產黨心中也是有地位的。」

在葉蔭聰的成長的那個八〇年代，澳門和中國的邊界已經不那麼明顯，澳門四處可見到五星旗，中學時代的他甚至能跨到珠海買書。當時正處於文革過後，大開放的「文化熱」時期，各種西方思潮的出版品迸發，年輕的殖民地學生葉蔭聰，也和當時的中國人一起經歷了「啟蒙運動」：「這可能是我民族主義最高漲的時期。」只是，至今他仍難以分辨自己當時到底認同什麼樣的中國。

「在個人情感上，我還是停留在八〇年代那個窮中國，一個讓每一個人也感到（或誤以為）可以引領未來的年代，還有許多未可知與未實現的中國。」已經被視為香港人的葉蔭聰強調，這些細節是難以清楚畫分的。

每個人的認同不甚相同，也都帶著各自的背景和記憶。擁有三本護照的李展鵬引用李歐梵的話說，「澳門人沒有歷史感。」因為葡萄牙殖民期間，幾乎無為而治，不僅從未給當地人任何意識型態灌輸，連媒體也不經營媒體，更別說給他們澳門歷史教育。

當澳門開始被列為世界遺產，一直到賭場的設立，甚至面臨回歸問題，澳門人才開始思考身分問題，那時已二十七歲的李展鵬，也才展開了解、研究澳門歷史之路。

「後來我才曉得，若要追尋澳門歷史，應當追尋到哥倫布航海時期。」李展鵬後來發覺，澳門得將自己拉到航海時代，才能認識他們和世界的關連，「澳門的答案不在中國身上，而是要從麻六甲、檳城或果亞那些城市來感受，因為我們分享了共同的殖民歷史。」

拿了三十多年的葡萄牙護照，李展鵬一句葡萄牙語都不會，沒有葡萄牙朋友，也沒去過葡萄牙。二〇〇八年，他到葡萄牙旅行，開玩笑說是要尋根：「走最遠的路尋找澳門。」但到了「又陌生又熟悉」的葡萄牙，才發覺，葡萄牙也沒有所謂的「根」：「葡萄牙有名的瓷磚繪畫裝飾，就是在澳門很常見的那種，竟是來自阿拉伯。」李展鵬說，因為葡萄牙曾被摩爾人統治，不但留下瓷磚繪畫的工藝，還留下了至今仍完整的阿拉伯式古堡；殖民盛行的時代，移入葡萄牙的非洲黑奴影響了當地的音樂，竟創造出世界有名的葡萄牙法朵（Fado）。而美麗的曼努埃爾（Manueline）建築，更是集印度、中東、義大利、葡萄牙風格於一身，這些從世界各地帶回來的建築風格，是當時葡萄牙人遊遍世界的明證。

這趟旅程衝擊到李展鵬，他這才瞭解，在文化混雜的地方，尋根沒有意義。不如回頭確認自己。

馬來西亞

別叫我華僑

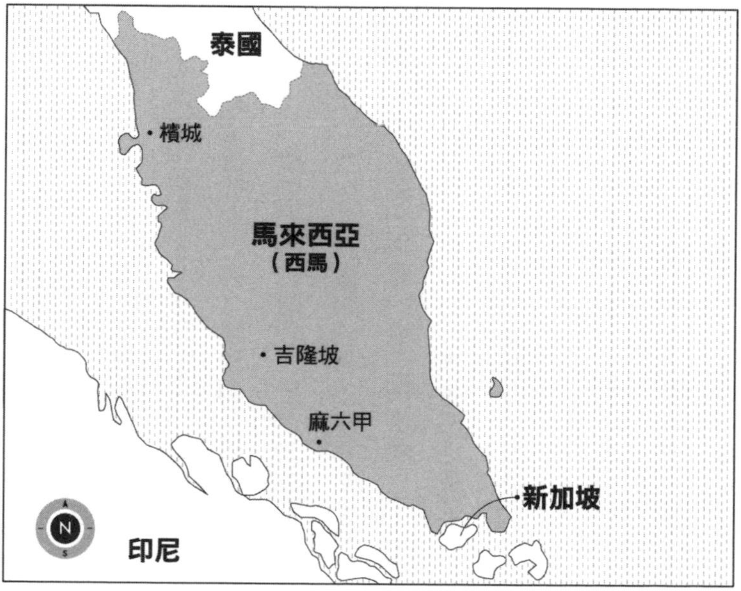
泰國
檳城
馬來西亞
（西馬）
吉隆坡
麻六甲
新加坡
印尼
N

我和南洋初次相見，是在千禧年的馬來西亞吉隆坡，這個首都城市和台北相似，充滿了高樓大廈和各種現代化設施，甚至迎面而來的熱浪，都和台北一樣讓人感到浮躁。

上了計程車，習慣性地用英文對司機報上目的地之後，我和朋友繼續以華語聊天，不料，司機看著後照鏡裡的我們，笑了笑：「歡迎來到吉隆坡，你們是從哪裡來的？」我們被他那聲華語招呼驚嚇到，好奇地問東問西，才知原來司機的祖籍是廣東，他不僅能說華語，還會說廣東話。而我和朋友在笑鬧之間，夾雜的幾句閩南語，司機竟也能反應。「我們馬來西亞的華人皆聚在一起，所以學到其他人的家鄉話也是很平常的。」司機笑說，「很多馬來西亞華人在學校學英語和馬來文，但放學回家後就說華語或廣東話了。」

這場計程車上的語言探索，是我對馬來西亞的初次印象，也啟動我對東南亞華人的好奇。我這才知馬來西亞華人非常多，也了解到，馬華族群雖然都說著同樣的語言，但內部差異依然很大，透過不同的話語腔調，就可辨識出各自的來源。這位司機立即可以辨認我們來自外地，因為，我們的口音明顯異於他們。

而後，我發覺，那些帶著所謂「大馬腔」的華語，其實是鄉音的變體。車窗外不時閃過掛著中文招牌的店家，用羅馬字母標記，但並非英文翻譯或是漢語拼音，而是其家鄉方言的拼音法，像是「大強」超市，便是以福州話標示發音：Ta Kiong；馬來西亞的家具店也稱為「傢俬行」，傢俬亦為福建話和廣東話說法。

這是我感知到的南洋，但我中學時期，在教科書裡撞見「南洋」時，並不懂得這些。

在我的地理課本中，「南洋」以菲律賓群島、中南半島、馬來半島等地名壓印在世界地圖上，書頁裡滿是刻板圖像：椰樹、沙灘、比基尼，而考卷裡等著我們填上的，則是橡膠、錫礦、鎳或銅。當代中國大陸已不再使用南洋一詞，多稱其為「馬來群島」，偶爾才以南洋群島代稱。而「南洋群島」一詞，在日本的語境裡，則是指第一次世界大戰後委由日本統治的西太平洋諸島之意，這些島嶼在二戰後轉由美國接管。地理位置的名稱，不是科學化的座標定位，而是被歷史所圈括，於是，人們只能從歷史裡自己去定位它。東南亞華人口中的南洋，更是指向中國而背井離鄉的遺緒，下南洋，即是一種他鄉變故鄉的轉折。

彼時，我人生的指南針朝向大學聯考，只求能通過這個關卡就好。所以，課本裡的

「南洋」對我來說，只是在知識之海的迷航裡被打起的浪花水珠，我不及也無力撈起探究。

當我來到了指南山麓畔大學讀書時，才在學生宿舍裡真正遇見「南洋」。開學前一天，當我扛著行李側身入門時，已整理就緒的室友們，熱情和我打了招呼，其中兩張閃著晶亮眼睛的臉孔，也笑著歡迎我，她們來自馬來西亞，以「僑生」身分來台灣讀書。儘管同居一室，但我和她們少有機會談談彼此，在我心裡她們安靜又神秘，我只能偷偷疑惑：「為什麼她們又是馬來西亞人又是華人呢？」

或許是語言的阻礙，在我們面前，她們不太說話，偶爾吐出我們聽起來皺眉難懂的大馬腔華語，但如果她們和大馬同學會相聚時，就會以流利的粵語談天說地，笑聲不斷。每每看到這些情景，我就會想：「原來她們也那麼能夠聊天，這麼活潑。」

直到四年後，我來到馬來西亞，耳邊充滿了各式腔調的華語時，才真正了解到室友的言語，其實是如此豐厚。

「南洋」的面貌隨著這一步一步的認識，一層一層的積累，越來越真實成形。當我越努力探索這個世界，就越會回想起曾經的失去：那些笑容、那些粵語、那些努力修正腔調但真誠的字句。如果時光可以重來，我會想細細詢問我的同學：你的祖先來自哪裡？你的國家有哪些有趣的故事？你的家鄉有多美麗？

——

二〇一〇年，我再次到了南洋，這次主要是拜訪麻六甲。陽光炙烈，曬得人發昏，連忙躲進陰涼的鄭和紀念館，那時，我突然意識到，南洋，竟也是鄭和的「西洋」。我還沒看清楚門後廳堂的全貌，一位操著馬式華語，笑容和窗外的陽光一樣炙烈的大姐趨前招呼我，為我介紹了這個由倉庫所改建而成的紀念館，大廳內側還有一口古井，她特別強調：「這可是鄭和船隊挖鑿的喔。」

我邊撈尋腦海中關於鄭和的閱讀記憶，邊無意識翻閱架上諸多參考讀物，大姐卻輕輕地將書推回去，帶勁地抽出一份地圖放到我手上。我狐疑地望著她，她回我一個眨眼：「每個遊客都會買這份地圖回去。」

這是一份拉開來展臂一般長的牛皮紙質地圖，圖上畫著山嶺河口海港，間或點綴著橋梁廟宇和其他建築，這就是知名的《鄭和航海圖》，其由右至左展示著鄭和船隊的航線，標記著行經的地名和景貌：自南京寶船廠開船從龍江關出水，最終到達忽魯謨斯（今荷姆茲海峽）。輕鬆攤開的地圖顯得七下西洋過於容易，就像這個花半小時就能逛透的紀念館一般。

透過描述當時景象的圖畫來看，這間倉庫門前，多有往來的商旅走動，攤販聚集，相當熱鬧。如今，位於麻六甲河旁、倚著橋邊的紀念館，僅僅是兩層樓的平房，看來太過簡單，無法想像它的歷史意義。右邊過橋是觀光客和小販聚集的葡萄牙大教堂大廣場，左邊可直入帶著古樸韻味的華人區，唯獨這紀念館靜靜地待在這裡，等候著不知何時來訪的觀光客。兵馬俑般的鄭和塑像，也直立門口，望著中西歷史交會不可一世的麻六甲王朝沒落，又看著這小鎮為了吸引觀光而被粉刷、妝點成人工、彆扭的「古蹟」時，不知他是否寧願回到海上？

鄭和，名聲或許不如哥倫布響亮，但早在後者發現新大陸前一百年，這位「身長九尺，腰大十圍，四岳峻而鼻小，眉目分明，耳白過面，齒如編貝，行如虎步，聲音洪亮」的三保太監便於永樂三年（一四〇五年）率領二百四十多艘海船、二萬七千四百名船員組成的船隊遠航。在強調大陸性的中國歷史上，他是唯一駕馭海洋航艦的名人。

出生於雲南昆陽的鄭和是元朝中亞色目貴族後代，這個伊斯蘭家族，將朝拜麥加視作此生最大的虔誠。鄭和的父親和祖父已實踐這個願望，在旅行中遍覽異域風光，年少的鄭和被父祖的故事吸引，對異邦無限嚮往。但他完成夢想的機會卻是覆滅元朝的敵人給予的——明永樂帝指派這位熟知造船和航海技術的穆斯林之子帶領船艦宣揚國威。不難想像，這工作非得要鄭和這類異族人不可，中國漢儒文明，始終少了這麼一點冒險的根性，始終以立足黃土地為安。

「下西洋」三個字於是顯得精妙，符合建都北方的明朝帝國視角：在中原中心的方位觀點上，南蠻北夷都是未接受儒教漢人馴服的外族，在中國文明的認知地圖中屬下位。因此鄭和七次出航的目的非今日我們理解的自由市場交易，而是朝貢貿易。

鄭和紀念館二樓展覽室，陳列了原尺寸的航海圖，也說明他乘風破浪卻百般無聊的海上生活：共二十頁、一百零九條針路航線和四幅過洋牽星圖，航海地圖高二十點三公分、長六百三十公分，包含五百個地名。展覽室光線昏暗，導覽人員得以示範十四世紀的鄭和如何使用海道針經（二四／四八方位指南針導航）和過洋牽星術（天文導航）在汪洋中確認方向。早在宋朝，指南針技術便發明，沿海貿易也極為興盛，看著鄭和航海圖以及船隊的航海技術，著實讓人感嘆且好奇：「海洋文明為何不曾發生在中國？」

或許是參觀時機不對，我在鄭和紀念館只遇到華人學生和家庭。這個昔日風光的城市，是中國和馬來西亞具體的歷史連結，中國人在這裡「看見自己」，大馬華人則在這裡看到移民史，鄭和的船員和隨著遠嫁而來的明朝公主的隨侍，留在這個熱鬧鼎沸的新興城市，與當地姑娘結婚生子，他們的後代男為峇峇（Baba）、女為娘惹（Nyonya）。在英殖民時代，這些峇峇和娘惹人服務於殖民者，成為特定階級的「土生華人」（Peranakan）。

但我的馬華朋友對這紀念館都沒什麼印象，其中一位朋友陳民傑還是和中國人一起來到這座紀念館，才對鄭和有了「三寶公」以外的具體認識。「小時候，長輩常告訴我們三寶公來麻六甲是為了消滅馬來人的。」陳民傑說，華人向來和馬來人不和，總以方言稱呼他們「番仔」，自然也對馬來穆斯林的文化習俗充滿偏見，不論是齋戒月或是腰間插匕首的傳統，都能有一套解釋：「這些都是三寶公教他們的，叫他們不要吃東西，他們就會餓死；腰間要插把彎刀，這樣當他們爬上屋頂時跌倒，就會將自己刺死。」鄭和是中國偉大的歷史象徵，在馬來西亞華人心中卻成了個教訓馬來人的「神明」。陳民傑一直在這種充滿歧視的環境中長大，不覺有異，直到「認識鄭和」後，才反省：「鄭和是穆斯林，怎麼可能消滅馬來人呢？」

和鄭和塑像對望著的是一家開著天窗的咖啡店，店裡播放著台灣的流行音樂，甚至貼著蔡明亮的電影海報，走出紀念館後，我直覺走進咖啡店，蓄著小鬍子的老闆，也是華人，名字叫林訓凌。

「我要怎麼分辨誰是土生華人？去哪裡可以看見他們？」我趴在咖啡館的吧台上，一邊翻書一邊詢問他。我這突如其來的問題，讓他愣了一下：「我，就是土生華人啊。」

「我曾祖父在二戰之前從福建南安來麻六甲，我算是第四代了，從小家人都說華語，我也受華文教育。」林訓凌簡短地說出自己的家世，但並不清楚曾祖父當年為何來馬，只知他在福建從事漁業，自然會尋找一個靠海的居地以發揮求生技能，「我想，這片海，讓他可以假裝仍在故鄉。」

我指了指旅遊書上的解釋：「不是那些中國人和當地人產下的峇峇和娘惹才是土生華人嗎？」話剛出口，我就想通了他的意思，咋舌笑了笑，我的確不該隨西方旅遊書起舞：他是出生在馬來西亞的華人，怎麼不是土生華人呢？他也笑了笑：「這幾年，我突然好奇自己的祖先為何來到這個地方。我從來沒想過要尋根，但對於祖先的故事陌生，總是一種遺憾。」

年輕老闆和我聊起曾經的年少輕狂，如同台灣電影《艋舺》一般，他也將青春浪擲在群聚的兄弟義氣上，比起祖先的故事，他白己的人生精采活現，既然逝者已矣，只能從自己開始追求：「我，就是馬來西亞的土生華人，故事由我開始。」

我和南洋又一次相逢，是由華人所開墾的「檳城」。這回南洋不再能夠衝擊我，我也習慣了四處感覺到的福建腔和福建味，比起吉隆坡，檳城渾身華味，若不細辨腔調，時常讓人有走進某個中國小城鎮或台灣府城的錯覺——或許是因為中國怪傑辜鴻銘的故事，我總覺得檳城和台灣鹿港有著連結，因而感覺親切。

祖籍福建同安的辜鴻銘生於檳城，和台灣鹿港辜顯榮家族有著親戚關係，父親是華人，母親是高加索人，以今日的眼光來看，這個混血兒是不折不扣的土生華人。辜鴻銘因自小聰明伶俐，被一個經營橡膠園的英國人收為養子，並送他出國唸書；十歲便赴歐讀書的辜鴻銘精通許多語言，他所學所思皆是歐洲經典，離他祖輩的母國更是遙遠。一八八一年，他在新加坡遇到奉李鴻章命調查鴉片貿易問題的馬建忠後，認同產生一百八十度轉變，之後，啟程到中國，再也沒回到南洋。彼時正值西方現代化思潮湧入中國，維新變革呼聲四起，這位大半生致力於西學的才子卻反對革命、支持復辟。一直到今天，後人仍然不解，為什麼這麼一個「外國人」，會堅貞不移地捍衛一個腐朽衰老的舊中國？他是如何想像、理解他的中國？

這只是個特例。對大部分教育程度不高的華人移民來說，中國只是個模糊的名詞，他們對祖國的想像僅只是故鄉，他們的認同來自於土地、方言和生活習慣，並非偌大的中國，更遑論中華民國或中華人民共和國。他們不說自己是中國人，而說自己是唐人，來自唐山。這些海外華人的神位上只刻有家鄉名，連「省」都不寫上去，他們在異鄉的社會關係，也多不離會所和同鄉會，不僅因同鄉協助而移居或成為移工，生活上多半仰賴同鄉會的親緣協助，社群更為穩固，文化認同更有在地特色，也更為團結。

只是，這種寄居他鄉而生的團結心，在清末因列強侵略加上民族主義的宣揚，轉成了「中國人」的思維－海外華人毫不遲疑地資助百年前維新派和革命派的知識分子。當孫文遊走世界，以民族主義號召華人的團結時，更讓這些明清政府眼中的「叛國者」有了「國家」的歸屬。

一九〇六年起，孫文稱這些海外華人為「華僑」，而「華僑為革命之母」這句名言，正是孫文對檳城華人所說的話。檳城是同盟會重要的革命據點，革命黨人士在這裡辦報、募款及鼓吹革命，三二九廣州起義也是孫文來到檳城和黃興、胡漢民等同盟會幹部策劃的，這場起義的主要資金，是同盟會藉教育的名義，向馬來西亞華人募集所得。

於是，革命的榮光也是檳城人的驕傲。辛亥百年前夕，《光華日報》百週年慶的旗幟遍布檳城——這份孫文辦的報紙還活著，就和他建立的「中華民國」一樣。我們特別來到孫文的寓所——城柑仔園四〇四號，這裡雖然開放給觀光客，但入場參觀的大多數是當地華人學生。我們在裡頭閒晃時，突然聽到一個華語導覽人員問一群小學生：「中華民國的建立，誰的功勞最大呀？」小學生們一臉茫然，而我們也愣住了，真不知道這問題該有什麼答案，只好停下腳步，等著有人解答。只是，等了許久，孩子們還是沉默，導覽人員忍不住自己回答，聲音洪亮而堅定：「當然是檳城人阿，中華民國的建立是我們檳城人的功勞最大。」

——

我的大學學妹梁友瑄正是在檳城成長的。為了逃離戰亂，她的祖父帶著年僅四歲的父親從廣東台山來到檳城。從父親這代開始，她們都對中國毫無認識了解。

檳城的發展史，是由華人開始的。舊稱檳榔嶼的檳城，曾出現在鄭和的航海圖內，是首個鼓勵華人移民之地，因此，這是個十足華人的城市，彷彿就是個小「唐山」，移民們說的是夾雜馬來文變體的福建話、招牌使用漢字、婚喪嫁娶出門做工，看的是傳統的農曆，也過著中國節慶。梁友瑄在這樣的環境中生長，未曾覺得自己和「馬來西亞」有任何深切的關連：「我連個馬來朋友都沒有。」如同我們很難切分語言文化和國家的關連，馬來西亞華人也是，但在國境之內，不需也無從質疑這一切——她的身分註記在國家核發的身分證中。

「在檳城，看得見對中華民國的鄉愁。」梁友瑄不否認會來台灣留學，是對「中華民國」懷有親切感，但來台灣讀書，卻也讓她受到打擊。當僑生大學校長在入學典禮說出「歡迎你們回國」時，她腦門轟轟：「我不是出國嗎？為什麼在台灣卻是回國？」這個台灣初體驗，啟動她的國族追尋思考，真正意識到自己的「國家」。於是面對許多台灣人對她的國籍身分疑惑時，總會不厭其煩強調：「我來自檳城，我有著馬來西亞國籍，我也是個華人。」

當我第一次在她面前提到「華僑」這個詞時，她有些排斥：「對我來說，華僑的定義是移居國外的華人，仍帶有原國籍及國家認同，但我是出生在馬來西亞，對中國和台灣都沒有國家認同，我有的，只是華人血緣。」

除非對台灣的中華民國政府有強烈認同，否則這些出生於東南亞的華人都不稱自己為「華僑」，即使是中國政府也不這麼稱呼他們。在二戰後、民族主義興起時期，周恩來在萬隆會議便宣布中國對華僑的立場：「海外華人應該要效忠當地政府，並遵守當地政府的法令」。對中國官方來說，所謂的華僑是「以中國國籍身分移居國外者」。儘管大部分中國人在中華民族思想的催化下，無法釐清國家和族群的差異，因而時常將「華人」等同於「中國人」，但在國家法令上，華僑、華人和中國人則有清楚的界線區別。然而，延續「中華民國」思想的台灣卻相反，為了答謝海外華人對革命事業的支持，政府在法律和政策上都將有中華民族血統者視為「華僑」，並設立了「僑教政策」，接受全球華裔「歸國」升學。

「有些人以僑生身分來台讀書後，才知道華僑的意思，他們無法接受這樣的定義，便放棄僑生的各項優待，以外籍生身分讀書。」梁友瑄說，他們這一代容易意識到現代國家的定義，也不認可歷史文明和血統那一套，更不願意曖昧屈身在特殊位置中，寧可放棄特權。

這是梁友瑄第一次出國，第一次來台灣，第一次經驗家鄉重複訴說的「中華民國」，第一次接近她熟悉的「中華文化保留地」。但這些第一次的期待、興奮和緊張，卻被這句「歡迎回國」帶來的困惑取代，接著是一連串在異鄉的自我追尋：她時常和馬來西亞僑生一起聚會，知道和台灣同學之間的文化界線，看著台灣朋友積極地改造社會，她疑惑為何這些都沒在馬來西亞發生？她的第一個馬來朋友，是在台灣認識的，台灣族群衝突、對白色恐怖二二八的平反行動，讓她想起了在大馬噤聲的歷史……。她在台灣感知的一切，總是讓她想起自己的國家少了什麼多了什麼。她在別人的國家，開始認識了自己的國家。所以，她堅稱自己是馬來西亞人，馬來西亞公民，她開始記錄書寫家族故事，甚至是未曾思考的族群衝突史——例如大馬依然未能談論的五一三事件。

為了拍攝自己追尋身分和認同的故事，她回到僑大，再次看到了那句「華僑為革命之母」豎立在校園內。她指了指這塊碑，對我說：「當一個華僑，只是逃避自己對政治和公民責任的想像，因為你不需要對這個國家和那塊土地負什麼責任。」對她來說，這也就是許多華人移民只願抓住血緣關係，不願面對以及融入他所屬的社會國家的原因。

二〇一〇年元月，我和梁友瑄看了中港合作的《十月圍城》，這部電影虛構了一個六義士接力保護孫文完成會議的故事。除了開頭闡述民主的楊衢雲、貫穿全戲的陳少白和最後短短一瞥的孫文之外，劇中人物都是虛構的庶民，他們或出於忠心、或出於孝心、或出於愛情，加入保護孫文的行列，他們是被時代捲動進來的小老百姓，歷史卻吝於給他們一筆。在中國歷史邊緣的香港，彷彿藉此大聲疾呼自己並不邊緣，他們是愛國的，也是能改變時勢的；一如他們靠著一部主旋律電影，讓歷史上的無名英雄血肉呈現，正如那些「沒沒無名的革命之母」一般。

我對香港創作者所說的「愛國」情結玩味再三——作為一個殖民地，香港人愛的是哪個國呢？接受媒體訪問時，監製陳可辛說：「可能是我家裡幾代的華僑情節，我們對愛國來得比較義無反顧……因為我們從小沒國可愛，所以我們對愛國有種夢想。」陳可辛的父親便是泰國華僑。

梁友瑄的看法和導演並不一樣。看完電影後，我再次對梁友瑄開起玩笑：「所以，我們得感謝你們，畢竟，華僑為革命之母啊。」她正色回我：「我希望以後，不會有人再叫我華僑。」

緬甸

哪裡是我的國家？

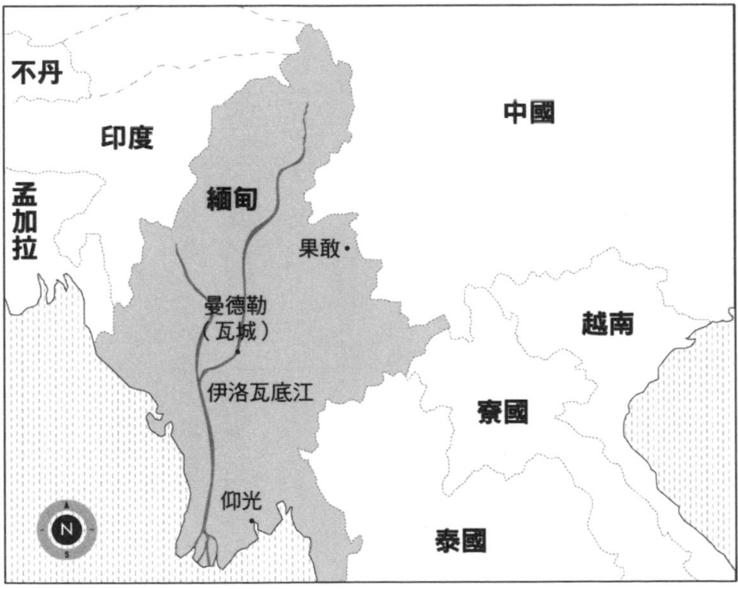

一進入這輛開往仰光的巴士，我就狼狽地在擠滿行李的狹小走道擠蹭，尋找自己倒數第三排靠窗的座位。靠走道的一側，坐著一位穿著簡單的微壯青年，隨身的大塑膠籃和蔬菜鐵盒便當多到溢出位子。我費了好一番功，才跳到位子上，心想：「這是個緬甸人。」

「Korean（韓國人）？」後方一個長髮帶辮的嬉皮用英文問我。我搖頭：「From Taiwan。」打過招呼後，我便埋入自己的椅背中休息。巴士在山路上顛簸而行，不知過了多久，突然停下來，我不明所以，於是轉頭以英文詢問身旁的緬甸人：「可以在這裡休息，上廁所嗎？」他搖搖頭，表示聽不懂，就在我放棄時，他突然慢慢地說——而且說的是華語：「你是說吃飯的地方嗎？」我立刻坐直。

「你是華人？」我的聲音帶點興奮，他搖了搖頭，依舊慢吞吞說：「我是中國人。」我皺了皺眉，心裡嘀咕：「怎麼說自己是中國人？」但仍繼續和他聊天，他或許從我那句「台灣」判斷我能說華語，於是以華語回應我，但他能聽說的句子不多，似乎是剛接觸這個語言不久。依賴比手畫腳式的溝通，我終於拼湊出他的故事：他家住東枝，為了隔年到新加坡依親並工作，已學習八個月的華語。他學華語的目的是工具性的，而非想當然爾的文化認同，但他仍對我強調這一句：「中國人，要會說中國話。」

這是我在緬甸途中遇到的第一個緬甸華人。在這趟緬甸旅程，我沒有去曼德勒——那是一座華人聚集的城市，因為地緣關係，大半還保有文化和語言的華人都聚集在北部，離中國比較近的區域。一路上，華人像是影子一般，在我的旅行中晃著相隨，例如民宿或路邊的小商店都掛著中文日曆，據店員的說法是，「因為老闆是華人」，但總不見所謂「華人老闆」的真實身影，或許這個族群在緬甸社會的樣貌正是如此，虛晃晃地不踏實，像是浮在湯麵碗上的一層油水。

巴士上著這位男子，為什麼自稱是中國人？這個疑惑一直到我離開緬甸後都尚未解決。

答案其實很簡單。回到台北之後，我的緬華朋友楊仲青輕笑著回答我的疑問：「那個華人會說自己是中國人，僅僅是因為他中文程度不夠好。」他說，在緬語中，沒有「海外華人」（Oversea Chinese）的說詞，也沒有相對應的華人族群用語，華人就是「中國人」，也就是外國人，每個緬甸人的身分證明上都會標記他的族群，而緬甸華人的身分標記就是「中國人」。換句話說，緬甸政府並不把華人視為「自己人」，而緬甸華人也因移民的時間長短和歸化程度，擁有不同的「旅行證件」。

「身分證」是允許緬甸人在國內移動的資格，許多因戰亂逃到緬甸的「華人」是沒有身分證的，除非他們自己想辦法弄到一張。部分華人只有外籍居留證，沒有完整的身分，連離開自己的住所到外地，都要先跟當地政府報備；他們也因為這種破碎的身分，成為政府官員敲詐的對象。華人要出遠門辦事，甚至回國，都會先準備一筆錢給軍人、警察勒索、花用。一直以來，花錢消災變成生存之道。華人在緬甸就是想辦法賺錢，一邊當政府口中的肥羊，一邊用優越的經濟能力歧視緬甸人，沒有打從心裡認同那塊土地過。

楊仲青的祖父在二次大戰期間從雲南騰衝移居緬甸，和其他雲南人一般在華人聚集區定居。楊仲青是第三代移民，他已取得緬甸身分證，但他的父親就只有外籍人士暫時居留證，如果想到其他城鎮就必須向警察局報備。二〇一〇年，楊仲青的父親終於申請到長期居留證（亦即準國民身分證），除了投票權與否，幾乎和國民身分證具相同功能，他說：「這張長期居留證，得來不易，整整申請了五十多年才申請到。」

我又想起了在緬甸搭乘巴士的經驗：當巴士再次嘎然停止時，前後旅客一陣騷動驚醒了我，鄰座的緬甸華人把我喚下車，並提醒我和後座的韓國人帶著護照，下車後，我們兩個「老外」，摸不清楚順序，站著發愣。那時，已經有幾台破舊小巴停在路邊，乘客成列候著過關，沉默不語。手裡都捏著一枚身分證。一個理著平頭的緬甸人，帶著笑容出現在我的眼前，以生硬的英語詢問我是否需要幫助，並將我引領到「外國人」那區。驗證官雖隨意翻著護照外加抬頭一眼，在本子上登記的力道卻表明著慎重，板著一張臉，揮揮手示意我可離去，沒有問題話也省下，太過輕鬆捏壞我對軍政府的嚴厲想像。

這個境內的查驗關卡，困惑了我，我看著鄰座那位緬甸人同樣捏著手上的身分證過了關，便趨前問他原因，他解釋，這只是為了查明身分，「沒什麼太大目的」。我的眉頭皺在鼻梁上，嘴角撇撇：「查身分一定有目的。」他偏頭想了想：「怕有一些不明人士，或到處亂闖的外國人吧。」不明人士和四處亂闖的外國人是什麼意思呢？他說不明白，而我那時也不懂，但我知道他手上的身分證和我的護照，都是讓我們獲得在這個被限制移動的國境中，一點最起碼的移動自由。

在台灣，「泰緬」這個區域比「緬甸」這個國家還有名，這多拜朱延平將柏楊作品《異域》改編成電影所賜。影片中的泰緬孤軍，在羅大佑的配樂下，變成〈亞細亞的孤兒〉，更是耳熟能詳，幾乎人人都能唱上一兩段：

亞細亞的孤兒　在風中哭泣
沒有人要和你玩平等的遊戲
每個人都想要你心愛的玩具
親愛的孩子你為何哭泣

國共內戰後，國民黨軍隊幾近全軍覆沒，全面撤到台灣和香港，唯有李國輝將軍的一支部隊在一次共軍突襲後，流落到中緬邊境，靠僅僅三千人的殘軍打敗多於四倍的緬甸軍，也占據了大於台灣三倍之多的領土。這支軍隊傷兵累累，希望不要再打仗，安安靜靜生活。緬甸政府只好要求蔣介石政府處理。最後，一張筆，一張紙，讓部分殘軍來到台灣，但也有些人留在緬甸，永遠未能回到故土。

泰緬孤軍的議題也時而上媒體，而環繞其中的多半是歷史責任帶來的身分問題：

國家是否遺棄了他們？他們是否是這個國家的國民？尷尬的歷史問題在法律上找不到解套，於是，國家大開門戶，准許他們以特殊身分歸化為中華民國國籍。

和我同齡的小馬，是所謂的「孤軍後代」。他的父執輩半生兵戎，後來雖棄干戈，仍執馬鞭，組成馬幫，在泰緬邊境地區運送罌粟，認命地在這個異鄉安身立命。但他們未曾遺忘「祖國」，總想著攢了錢，要將孩子們送回自己的國家，那怕國家只在遠方一個未曾踏足的小島。因此小馬現在成了「台灣人」。不同於我們這些出生就帶著中華民國國籍的「台灣人」，他總強調自己是中華民國國民。小馬認為，雖然他生長在緬甸，但從各個條件來看，這個國家都不屬於他。「我從小就只知道中華民國和國民黨，父親他們說的故事也多半和戰爭有關，聽著聽著，我就覺得這是我的世界，而我就是中華民國國民。」

對於緬北的華人來說，面對歷史、族群和自己，並不像數學公式一般簡單。孫立人的一支部隊就是最好的例子：二次大戰，孫立人和英國聯合起來攻打緬甸日軍，這支軍隊打完仗，準備回家時，國共內戰發生了，如果回鄉，他們勢必得將槍口對準同胞。為了不想看到互相殘殺的局面，他們留在緬甸，留在緬甸的中華民國體系中。

「不過，你問我父執輩的人是哪裡人呢？他們會說雲南。」小馬輕輕笑著，對這些人來說，國家概念太抽象，他們認的是自己的土地，感嘆的是回不去的家，「最終，他們哪裡人都不是。」

「我們很早就知道濁水溪，卻不知道伊洛瓦底江。」小馬有著國家觀念，因為從小讀的課本是台灣送去的。我忍不住想像，有個和我朗讀同樣課文，寫著同樣習題，一起唱著國歌，一起看著青天白日旗升空，同樣不認識緬甸這個國家，卻對中國歷史故事和黃花崗烈士一樣熟悉的小孩，遠在海的另一端。我們處在不同次元，卻同時被植入另一時空的思想。

心懷祖國的小馬，考上位處嘉義的大學，一到台灣面臨的卻是「說台語」的環境，甚至還遇到了台灣的民主大事——首次總統大選。這個歷史大事，讓台灣人沸騰，卻讓小馬迷惑，只因李登輝當選總統後，本土化氣氛加劇，小馬感到天旋地轉，無所適從。但若不管認同疑惑，台灣還是小馬的家，以及他的夢，他要在這裡實現當義大利餐廳廚師的夢想，「不論怎麼說，台灣的生活條件都比緬甸好。」

因為《異域》的影響，我們或許都以為國共內戰結束前後，是緬甸華人增加最多的時期。但事實上，中共數次發動政治運動，才是驅使更多中國人逃難的原因，尤其是知識分子和地主。

我在台北認識了另一個緬甸朋友楊永助，他的父親就是在文革時期從雲南逃出來的。

楊永助的祖父是雲南騰衝的地主，文革時被鬥而亡，身為長子的父親帶著一家人翻山越嶺逃到緬甸。殺父之仇讓楊父恨透了中共，於是加入緬甸的國民黨游擊隊，一心「反攻大陸」。但逃離開戰爭生活後，報仇，便從身體上的力行對抗，轉成心理認同的背逃，楊家人依然「反共」。一次我們談及幼時兒歌，楊永助說道，「我還記得小時候聽的兒歌，就是教導我們反共抗日耶。」

他記得歌詞是「解救水深火熱四萬萬同胞。」

我忍不住跟著大笑：「好熟悉啊。」

楊永助得意地說，「我還會背國父遺囑呢，因為以前每次開會前都要宣讀一次。」

從緬甸華校畢業後，楊永助同樣來到台灣讀書，並以依親方式取得中華民國身分證。

楊永助也和我同齡，我們是在幾場緬華聚會場合認識的，儘管他堅稱自己是「中華民國國民」，但因為對緬甸有認同和情感，故在台緬人社群中頗為活躍，在我心裡，他仍然是個「緬甸人」。他自己也很清楚，即使在台灣生活快二十年，在台灣人眼中，他「還是個外人」。

某次相約吃飯，他對我坦露：「我是不是台灣人，不是自我認為就好，還要考慮別人認不認為你是。」

楊永助來台時，正是李登輝以民選總統身分激起本土化浪潮的時刻，在這一背景下，諸多文化歷史論述都重新改寫，這對很多人來說，不啻為一個巨大的衝擊，即便像我這樣的接受單向黨國思想教育的台灣小孩，在這段期間，都被各種不同以往的思辯及歷史翻轉的教育，撞擊得足以翻轉我過往對國家社會的認識，就像是站在衝浪板上，試著在浪頭間找到重心，卻依然搖搖晃晃，更何況生長在更封閉社會的緬甸華人？他們如何面對這樣的浪頭？

先是「去中國化」，再來是「台灣人認同」的議題，每一個道浪打上來，都衝得他昏頭轉向，「外省豬滾回去」的呼聲更讓他膽顫心驚：「土生土長的外省人都被喊說要滾回去，那我呢？」拿到中華民國國籍的楊永助，直覺這個身分證捏在手裡不安心：「那我算台灣人嗎？」

「我現在什麼答案都沒有。」楊永助說，他不認同緬甸，在緬甸也得不到認同，儘管對中華民國的感情仍然很強，困在自己「想像的國家」中，對悲壯的民族命運掉淚，但在現實世界裡，卻失去了認同的答案：「我沒辦法想像自己是個台灣人。」

——

我在中國農曆年前來到緬甸，到了仰光時，正好遇上過年。除夕夜當日，在新結識的緬人朋友 Soe 的帶領下，我逛了仰光的唐人街，試著感受下年節熱鬧氣氛。Soe 指了指不遠處的「廟」問：你是不是該進去看看？

在緬甸這個以佛教信仰為主的國家，看到佛寺並不稀奇，但只有進入華人聚落才能看見「廟」。

和緬北地區大多聚集著滇地移民不同，緬甸中南部的華人多為遠從明朝便遷居至此的閩粵移民，他們的信仰象徵類同於台灣或是中國南方沿海，因此，一走進這座廟，心裡立刻湧出熟悉感，廟公、香煙、紅燭等等都彷若家鄉，案頭持香拜拜的婦人表情柔和，香油櫃前的老伯專注盯著華文報紙讀，都讓我一解思鄉之情。

當我在廟宇內細細感受光線和氣氛時，廟公走了過來，和我打招呼，他努力嘗試以華話和福建話和我聊天，但最多只能吐出單字單詞，於是我聽到的多是摻雜著幾個類似台語或華語音節的緬文。眼前這個約莫六十多歲的老人，已經不會說家鄉話了。透過Soe的翻譯，我才瞭解到，他遇見我這個台灣人非常興奮，因為他曾經到過福建，學會些福建話，而他想和我說福建話，是因為他說，「有機會的話，我很想去台灣看看。」

Soe的翻譯有一搭沒一搭，不甚精準，或許是因為老人說的故事太過遙遠，他也不確定那些事物是什麼，也或者是因為他不能理解，為何兩個華人之間卻無法溝通？總之，我只感覺到廟公看到我這同樣來自閩南文化圈同胞的興奮，但他的故事是什麼我仍兜不起來。離開前，廟公誠摯邀請我當晚再到這個廟，因為今晚是除夕，「來看看我們中國人怎麼過年。」

我後來才了解到老人為何已經不會說家鄉話。一九六五年的緬甸的排華運動，是仰光華人放棄身分的一個歷史高峰，換句話說，在廟公年紀還小的時候，因為緬共勢力增大，影響力加強，讓當時緬甸政府感到恐懼，故而發起排華運動。為了自保，仰光的華人家族放棄了自己的文化和教育，努力取得緬甸身分證，洗刷華人的標籤。雖然他們保住廟以及外在形式的文化，雖然身分證上仍然註記著「中國人」，但這一時期的緬華失去了語言。

緬甸軍事強人尼溫，據說便帶有華人血統，但他不僅否認，還發動排華運動。「華人」這個身分，像是油漬一樣，在他的軍大衣上，刷都刷不掉。人們耳語著，他就是華人，真或假，也無法確認。

和馬來西亞華人相比，緬甸華人毫無地位可言。因為緬甸不把華人當成族群的一支，華人更沒有參政的權利。諸如這批仰光華人的命運一般，早期華人移民的文化和語言在此，就像湯麵碗裡的那層浮油，不是實在的吃食，而是歷史的遺物，懸浮在湯水上，彷彿成為一體，但又溶不了，想要打撈還打撈不乾淨。廟宇的香煙，街上的年貨，牆上的紅日曆，都是去不了的油漬，都是打撈不乾淨的油水。

除夕夜，我沒到這座廟「過年」，而是和民宿裡的香港旅人們吃了一頓「我們的年夜飯」。

「過年」在號稱繼承中華文化正統的台灣乃至於英國殖民過的香港，都已變得呆板而無趣。在這個他鄉，卻顯得兩異，當我試著以「傳統」的眼光看待這個被歲月凝結的城市和移民族群時，卻看到了現代化衝擊前的我的故鄉。

唐人街裡盡是我幼時印象裡的水果糕餅和年貨，顏色鮮豔的糕餅顯然是為了年節而奢侈地裹上大量色素，極度豐盛，也極度誇張，準備大肆慶祝和大口吃喝的氣氛濃烈。四處奔跑的孩童，大多穿著唐裝頂著傳統髮型，有的沿街舞龍舞獅和商家要紅包討吉利，有的則直接向大人（尤其我這種觀光客）伸手要壓歲錢，和我過往熟悉的一切毫無二致，

唯一不同的是，那些華人小孩中總有幾個黑色臉孔——是的，印度裔小孩和華人小孩一起過年，一起沿街討紅包，一起到店家舞龍舞獅。這個圖像說明了文化在仰光沒有清楚的邊界劃分，畢竟，唐人街隔壁就是印度街，在緬甸這個政治文化中心，他們都因同化力量，漸漸失去了自己的文化，因為弱勢而邊緣，而相互依存著，孩子們一起長大，一起包容著各自的文化。我猜想，或許印度的光明節舉行時，華人孩童也歡天喜地一起慶祝。

—

在一九六五年的排華運動中，並非所有的華人都受到衝擊。居住在鄰近雲南的緬北方的華人，因為其反共立場而逃過一劫。相對於南方的華人從明清之時跨海來緬，北方華人的祖輩多受政治戰禍驅使，在這一百年間從鄰近的雲南翻閱高山行走陸路來到緬

甸，幾乎在這個異域生出了個「小滇地」，講雲南話，吃雲南菜，雲南文化便等同於「華人文化」，但他們認同的卻是「中華民國」——六〇年代排華運動風行時，這群反對中共、支持中華民國的華人才能保留著華語教育和自己的文化。也因此，「國家」和「國界」對他們而言，愈發顯得曖昧難解：他們的國籍是「緬甸」，卻認為「中華民國」（台灣）是自己的國家，然而他們的家人仍在中國，在中緬邊界的華人甚至還使用人民幣交易，透過中國移動或中國通信的通訊系統交流。

中華人民共和國建政之後，第一個承認的便是緬甸，由此可見他們之間的關係有多好，但兩國之間仍然存在著許多問題，邊界就是其一。為了解決邊界問題，中共前總理周恩來一九六〇年親自到緬甸處理，在緬北的華人——或稱來自雲南的「中華民國國民」看來，「他割了地！」原屬於雲南的「果敢」，就大方地被劃入了緬甸國境內。屬於漢語系的果敢，因此成了緬甸的「特區」，說著漢語的果敢人，成為緬甸的「少數民族」。在這塊土地裡生存的「華人」先被中華民國留下，後來又被中國送給緬甸，被「祖國」雙重否定後，他們的情緒和情感，如何不複雜？

果敢的曖昧，或許反應著國界的模糊性——明末的一支漢人移民，受封統治著果敢地區，臣服中國歷任王朝，後來，在英國殖民強權統治下，被劃為「英屬印度」，也是殖民者種植罌粟的天堂。二次戰後，果敢和周邊的土司一起獨立。再往後，在中共的支持下，緬共控制了東北，占領了果敢，戰火不斷。直到一九八九年，果敢才在在祖籍四川的彭家聲統治下，和緬甸政府停戰，成立特區政府，保有自己的軍隊、財政等力量。如今，果敢特區偶爾仍和緬甸政府有著衝突，因此經濟和公共建設多依賴中國。

「在特區政府的節日慶典中，我們還可以看到中國政府代表和緬甸政府代表同時站在觀禮台上看閱兵，非常有趣的畫面。」父母皆是果敢人的李澤成說。

李澤成最終也以僑生身分來到了台灣，並成為中華民國的公民。在一個天氣微涼的五月天，我們來到中和的華新街找李澤成。華新街聚集了許多來台定居的緬甸華人，因此被稱為緬甸街，在這裡，很容易遇上緬甸朋友，或者聽到關於緬甸情勢的討論。不知為何，我們的話題從國籍法修正開始，於是李澤成一邊啜飲著偏甜的熱奶茶，一邊抱怨說：「為什麼成為台灣人這麼難？」他回想起當初申請入籍的經驗，感嘆了起來。

李澤成並非泰緬孤軍的後代，也否認自己是「無國籍」的緬甸華人。他的歸化路徑不一樣：「我們不是無國籍的人，我們是拿著緬甸護照來台灣的。」他說，儘管過往不認同緬甸，但一旦踏出國界後，才真正了解，這個原本扛在肩上的「國家」，是別人承認你、認識你的「唯一合法證據」，而那個證據，就是手上的「緬甸護照」。

因此，李澤成選擇以「合法申請」的方式取得中華民國國籍，不過耗時良久，這段經驗讓他感慨萬分。「當年我申請入中華民國籍，承辦人要我拿出四十萬台幣的存款證明，我告訴承辦人，我擁有多項電腦專業證照，給你認證書，可以不要存款證明嗎？他竟回答給我四十萬的證明比較簡單。」李澤成是根據中華民國國際法的第三條第四點而提出交換，條文指出：外國人入籍要「有相當之財產或專業技能，足以自立，或生活保障無虞」。承辦人的回答讓李澤成直呼誇張，政府公務員竟覺得只要拿得出四十萬就合乎第四點？「只要把仲介的錢暫時存入戶口，每個僑生都能提出四十萬的存款證明。」

「台灣的入籍規定，需要有財產收入證明或是技職核可資格，如果兩者皆無，就得證明自己有不動產五百萬價值以上或是勞委會公布基本工資兩倍……」

聽到這裡，我忍不住咋舌：「連我都沒有當台灣人的資格嗎？」我像是誤踩進一個異次元，才發覺自己這個「台灣人」的身分竟然幸運得有點詭異。因為出生在這個國家，自然擁有國籍，於是我從未思考「成為一個台灣人」需要有什麼樣的條件。

但李澤成還算是幸運的，他能留在台灣工作，擁有居留權，進一步取得申請國籍的機會，最後也申請成功。因為政府只給予緬甸僑生畢業一年後的居留權，在這一年中，緬甸僑生必須努力工作以還得學費和掙得足夠回緬甸的錢，甚至想辦法留下來——不論合法或非法。因為緬甸華人爭取以特殊條件獲得台灣身分的種種經驗，讓台灣政府擁有戒心，甚至一度停止關上緬甸僑生來台讀書的大門。

「這等於告訴僑生：要入籍，門都沒有。」李澤成批評，難道台灣政府不能像新加坡政府一樣，認真看待有能力的外籍生，將人才留下來，「台灣不是擔憂少子化，為何不讓更多願意生產的人口成為台灣人。他們這麼怕我們變成台灣人嗎？」

這些話題，在這個明豔的午後炸下了一道沉重，嘆息像湖面水紋般散開，我們啜了一口奶茶，吞下了那些說不出來的心情。在這個茶店外的矮桌旁聊天，讓我有種回到緬甸的感覺：和當地人聊天，聽他們吐洩自己的故事，品味在此生存的滋味。緬甸人喝得極甜，吃得極辣，極端強烈的滋味撞擊味蕾，如同緬甸軍政府帶給他們的強烈不公與苦難，他們都得吞下去。

像是建構自己想像的桃花源一般，緬甸華人留下了青天白日旗，也留下了自己的國家認同。連我這樣的台灣人都不太面對中華民國這個身分時，只有他們緊緊抱著，那個虛無的想像中的國家，浮油一般的國族命運。

越南

日久他鄉是故鄉

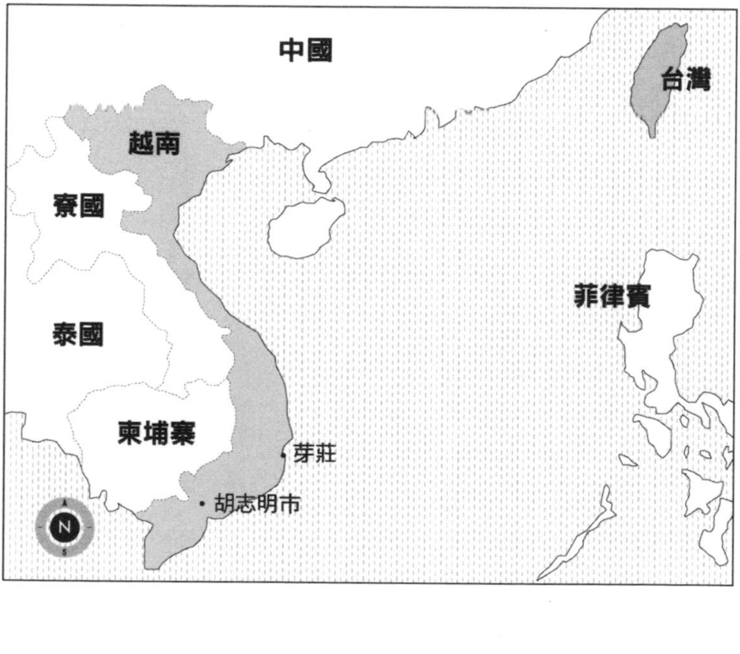

「台灣人是不是很喜歡到越南來娶新娘？」

在我離開胡志明市，搭車前往機場的途中，計程車司機抬頭望著後照鏡，對著鏡中的我們丟出這個問句，我和同伴無奈對望，支吾地說：「對。」在越南旅行這一個月來，這類問題出現之頻繁，恐怕只有「陳水扁」能和它比拼。

我們的表情或許在鏡中因尷尬而扭曲，讓司機笑了出來：「我的朋友說，因為越南新娘很便宜，那你們台灣女人是不是很貴？」

這趟旅程最後一次面對這種好奇，我們已耗盡幽默感，只好選擇靜默以對，頭轉往窗外藍天：一架飛機正道劃過天空，我不知道它是否朝著台灣飛去？機上是否坐著將一輩子許往異鄉的新娘？

胡志明國際機場，人多擁擠顯得紛亂繁忙。電腦螢幕上顯示，這個下午飛往台北的班機就有四、五班，台越間航線忙碌。而機上載送的，大多是台商和越南新娘。

這是二〇〇二年，據說那一年每天平均有一百五十位越南新娘搭機往台灣移動。這些數字的意義，在機場內外具體呈現著：到處都是準備離境的越南女性，皆蓄著長髮，有人任其灑在肩上，也有人紮起了髮，她們著輕衫，行李多而沉，在候機艙排排坐著，或低語聊天，或正站在公共電話前以彆腳的中文通話，從腳邊置放著的是台灣百貨公司的袋子看來，不是到台灣旅遊，而是準備「回」台灣。

我突然想起旅途上認識的那位在台灣留學的越南女生，憤怒地對我們說，在台灣讀書時，總因為國籍，而被誤認為她是越南新娘，甚至嘲弄她來台灣只是為了嫁人。而她在台灣認識的越南朋友，則常遭受到移民署公務員偏頗的問話，「他們總會問在台灣有沒有男朋友？有的話，是不是就是嫁來台灣。」、「回越南找得到工作嗎？」

越南計程車司機問我台灣女人是否很貴這句話，讓我再次對越南女孩們的憤怒產生共鳴。自從半個月前，踏上越南的土地後，這種感受就如影隨形。而我在南越的芽莊（Nha Trang）遇上台灣來的娶親團時，內心尤其複雜。

芽莊是南越著名的旅遊景點，以沙灘海浪著稱。我們在芽莊登上一艘往海島開去的船，船上有一群人喧嘩萬分，引人側目。我和伙伴很快發現，我們是唯一聽得懂這群人吵些什麼的乘客，因為他們說的是我們許久未聞的母語，他鄉相遇，自然就認起了老鄉。我們這才知，他們是傳說中的「娶親團」，趁婚禮舉行前，作夥來到這個充滿觀光客的海灘遊覽。

團裡一位直率爽朗的王姓大姐，就是婚友社的負責人。略微圓潤的身形，讓她看來和藹可親，但短髮俐落又襯得她眼睛神氣，顯然就是個義氣又能幹的女強人。她一手張羅著婚友社繁複業務，終年不得停，直說這個行業正熱門，簡直忙不過來，「想要娶越南老婆的男人，多的是。」唐伯伯的兒子就是其中一位，這個越南新娘團都是唐伯伯的親戚，陪著他們父子來越南「挑老婆」，不但一下子就看中，而且馬上就結婚了。

「台灣男人很喜歡越南新娘，因為他們個性乖巧，也覺得到台灣可以過好日子，還可以寄錢回家。大陸新娘比較不好，都把台灣當跳板……。」王大姐解釋台越婚姻市場活躍的原因。年過七十的唐伯伯不無憂慮地說，兒子年紀很大了，還交不到女朋友，都是因為個性太木訥，而且台灣女孩子比較「勢利」。

在二〇〇二年，也就是我去越南旅遊的這一年，「外籍新娘」正是個熱門議題，不僅越南人討論，在台灣也成個「現象」，諸多著作和紀錄片問世，也舉行了相關的研討會和討論會。像唐伯伯這樣的觀點——「台灣女人勢利」，並非台灣女性都能認同的。一位參與討論的女性便抱怨：台灣男人在台灣娶不到老婆，無非以自己個性問題為藉口，並批評台灣女人不如外籍新娘來得「乖巧聽話」，父權心態顯露無遺。她們直斥：

「男人實在不是什麼好東西」。

或許如同這些時代女性所展現的姿態，讓「跟不上」的台灣男人不適應，尤其鄉下地區或弱勢的男人，更不覺得自己能有太多選擇——他們只想要個順從婚姻的聽話老婆。東南亞女人，幾乎成為唯一選擇。

王大姐說，迎娶外籍新娘，可以是種「吃好，道相報」的事。左右鄰居相互介紹拉攏，組成一個相親團，或者是以親找親，因此，一整個村莊的男人娶越南同村莊的女人為老婆之事時常可見。至於如何選擇自己的新娘？婚友社大姐沒說，但我想起《外籍新娘在美濃》這部紀錄片中的畫面：相親的女子排排坐，任由男方挑一個。男方會挑漂亮的，但他的家人會挑「可靠」的，沒兩天就能下聘結婚，像是買輛車子般簡單。王大姐又說，新加坡人也娶越南新娘，而且比台灣人更精明，他們選擇回新加坡再洞房，因為怕越南新娘留在越南等入籍時，會跟別人「亂來」。這是現實的婚姻交易市場，不論時代多進步，性別加上國籍的枷鎖，「物化」成為必然。論斤論兩，保證貨色。

飛機飛上了天空，隔著雲朵，仍看得見藍色的南中國海。當我們離開芽莊回台灣時，唐伯伯的兒子還不能馬上回來。他必須待在越南一陣子，因為他的新娘必須通過一些程序，才能離開越南，並在台灣居留三年後，才成為真正的「台灣人」——包含她必須先拋棄越南這個國籍。

——

台灣社會看待外籍配偶時，動輒以婚姻買賣交易視之，而污名化看待；我們以為它悖離了這個個人主義世界的自由價值，卻幾乎忘了我們上一代以前，媒妁之言是常事，毫無自由戀愛可言。直到今日，許多門當戶對的觀念仍未被動搖，子女的婚姻總是交由長輩決定，不能有意見。在傳統文化觀念中，婚姻從不為了愛情，而是為了財物的「生產」，以及人力的「生產」。

在人類學研究中，婚嫁時常伴隨社會財物的交換和分配，不同族群文化有各自的禮俗，你送檳榔我殺豬，都是資源和地位的重新分配。在越南南部某個農村，就有許多女孩嫁來台灣，那些家庭在當地的地位立刻不同，有錢蓋洋房，但面對其他想循此路的親戚時，卻拒絕他們求教：「我們現在是台灣的親戚了，身分地位和你們不同。」似乎攀上台灣，就位高一階。

如台灣的農業社會時代一樣，越南女人「早」婚，並且認為應該多生育。但是，為了限制人口成長，當時的越南政府主張一家最多只能生兩個小孩，如果超過，第三個小孩以上將不准申報戶口；若是公務員家庭，就開除這個家長的公職。但是，在越南的山區卻還是相信多子多孫多福氣，我在那兒總能看到才十幾歲的新娘，左牽右抱好多個小孩。因為，女性的價值，在於「生產力」。

對於台灣男人來說，到東南亞找新娘，無非也是為了「生產力」，不論是繁衍後代或是增加勞動人口。對外籍新娘來說，卻是人生的選擇——儘管對遠嫁來台灣存疑，也不甚願意，但以當地教師薪水一個月才三十塊美金的收入，或許是一種更好的生活追求。

只是，他們可能也想像不到，這會是一種需要承受不同眼光、標籤，與更多責任的生活。幾年前，台灣某位立委曾說，越南新娘的身體裡有落葉劑餘毒，台灣人娶外籍新娘生下來的小孩會「劣幣除良幣」，引起社會譁然。但即使嘴巴不說，這類對「落後國家」的偏見，隱藏在社會的耳語中，也很多人心裡浮動著。

提到這類事件，都會讓許多越南人都會忿忿不平。越南朋友老羅，便曾經向我直言，台灣男人來越南娶妻，總會挑美貌健康的，然而，有些娶越南新娘的男人卻是有缺陷的，怎麼反倒質疑越南人是有問題的？

媒體人廖雲章也跟我說過一個故事，多年前她到越南讀書時，有位母親不遠千里從越南南方農村搭車到胡志明市找她幫忙。這位傷心母親告訴她，因為家境貧寒，只好透過婚姻仲介將女兒嫁到屏東，這才知道丈夫有輕微精神障礙，甚至會性虐待。這位越南新娘平時身上沒有錢，也不太被允許出門，有一次終於在同鄉協助下逃跑，非法打工一兩個月後，回到越南，「台灣半年，什麼都沒撈到！」甚至還發現自己罹患大腸癌末期，必須變賣原有的土地到泰國治病，最後仍然失去生命。於是，這位困惑又傷心的母親，只好不停尋找在越南的台灣人抱怨訴苦，詢問該如何討回公道。可是，這到底該找誰討公道呢？

這些嫁來台灣的越南新娘，雖得到村裡的羨慕，認為家族從此可以富有，但在越南政府的立場，對這樣的跨國婚姻是抱持著懷疑和輕蔑的。越南的婦女部屢屢批評嫁到台、韓的女人「素質差」、「丟國家的臉」，他們列舉一份調查報告指出，很多越南新娘對自己的國家、文化無知，簡直是笑柄。

這類相互歧視的例子太多，我有個朋友的兒子，愛上了一位學歷條件不差的越南女孩，希望能娶她，然而女孩的家族卻極力反對：「你有那麼窮嗎？窮到要嫁到台灣？」顯然台灣人和越南人之間的婚嫁已然無法客觀看待，被成見左右。

老羅還告訴我一個越南朋友間討論的故事：某個負責批准越南新娘的公務員，看到一個老人帶著個十六、七歲的女孩來申請結婚，一問才知這個亭亭玉立的女孩將嫁給一位小兒痲痺者，深感不忍，詢問老人這女孩以多少金額嫁出？老人回答二千美金，這位公務員拿出了二千美金，讓女孩離開這段買賣婚姻。「現在已經不允許這麼做了，越南政府已定下規定，這類婚姻仲介不准雙方相差二十歲，也不能夠賣給有殘疾之人。」老羅補充。

越南受到儒家文化影響，階級清楚，對於買賣婚姻並不認同。因此，包含我在內的台灣女性，才會被當地人嘲諷：「我們以為台灣沒女人了，才來我們這裡找女人。」但對越南政府來說，跨國婚姻不只是文化上的問題，若他們婚姻失敗都會回到越南，「國家會變成婚姻的垃圾場」，他們認為，婚姻失敗的越南女子是社會的負擔。深厚的父權思想，至今仍未改變。

同時，失去婚姻的越南女子，也有可能面對失去國籍的代價——她們若在取得台灣公民身分和國籍期間離了婚，就會成為無國籍之人。這可能也是她們會遇到的困境。

離開自己的國家，我們都成了異鄉人，努力適應著陌生的環境和語言。對於我這麼一個旅行者來說，離開，只是種短期的文化衝擊，不需要學習聽懂異國語言，說著美語、拎著美金，遊移在國界之間，是個以金錢說話的文化消費者。

不過，總有時候，我們都被迫在陌生環境裡，重新認識自己的國家，以及那些被漠視的問題。當越南人問我「為什麼台灣人喜歡娶他們國家的女孩」時、當我在中越邊界遇到百口莫辯的冤屈時，這些經驗都不斷提醒著我自己：台灣人是誰？台灣人的形象是如何呈現的？如果我這名台灣女子和越南女子身分互換，是否覺得難過、痛苦、不甘心？難道不會認為這個國家全都是一群混蛋？

我常常被這種對台灣的失望感擊倒，但定居台灣十年的越南華人老羅提醒我「善」的一面，「台灣有很多人為外籍配偶、外籍勞工爭取權利，為他們說話，這些人的身影，不能夠忽略。」

回台多年之後，因為越南經驗的緣分認識了張正。他說學習越語時，當地的朋友招待他一起去旅行，他毫不考慮赴約，但在漫長的車程中，驚覺正置身在「完全聽不懂」的茫然感中，這才意識到自己處在邊緣，且毫無反抗能力。「如果他們要把我怎麼樣，我也只能束手就擒。」踏入異地，人生地不熟，宛如文盲耳背的不安，對任何一個外來者皆是深刻體驗。這個深刻的體驗，也促成他辦了《四方報》。

「你去過桃園的越南人庇護所嗎？」

我搖搖頭。

「有機會你要去看看，我之前在那裡教過越南人中文。」張正說，那個收容落難越南人的庇護所裡有許多「逃跑外勞」，每個人的故事都帶著委屈和辛酸，不是被雇主虐待就是被性侵，不知道找誰幫忙，也無從獲得支援。去越南前，他時常去那裡教中文，那裡的越南人來來去去的，中文課也只停在簡單的程度。

「某天，一個越南人一邊拿報紙鋪桌子，一邊細看上頭的新聞照片說，他很想看懂上面寫些什麼，但這輩子恐怕都學不會這些字。我忍不住想，對啊，為什麼他們非得看懂中文不可，他們的無助是因為無法掌握訊息，為什麼不能給他們一份看得懂的報紙呢？」張正說他會想起自己在越南時，渴望看到中文報紙的經驗，所以能想像，這些東南亞配偶、移工一定也很想看到自己的母語。因此，《四方報》的運作，不僅僅只是提供思鄉資訊而已。「這份報紙是台灣人架的檯子，讓這些異鄉人說話有信心，不再被當成花瓶。」張正說，有許多在越南原是知識分子的越配加入，參與編輯、書寫或分享文章，慢慢在過程中恢復自己的信心和價值，不再「失聲」。

我也是自己城市裡的異鄉人，租了個房間，過著上班下班吃飯遊樂的普通生活。我在這個城市生活了十多年之久，遠超過我過往居住的城鎮，成為我最熟悉的故鄉。在這個城市的故鄉，時而有些新發現，例如租屋處樓下開了一家小店，白天賣早餐，中午賣越南河粉，老闆店員清一色都是越南人。從我好奇這家小店的故事開始，竟慢慢發覺這周遭的許多小吃店，不論賣素食或是滷味的，老闆娘都是外籍配偶，我也才發覺，她們也成了這個城市的風景。

有時候我還是會想起在那深夜火車車廂中，有口難言，難以辯解的委屈，或者想起獨自在異地旅行中，遇到的許多無助時刻。因此，看著我的城市裡的這些異鄉人，我也會好奇他們能不能說話，有沒有聲音？

被視為越南現代意象的河粉、國服，其實都不是越南原有的物品，而是來自於柬埔寨，來到越南的法國人看到攤子上賣的河粉，便以為那是越南原有的食品。我的國家，我的城市，不也如此？如果食物的意象都因移動而如此多元混雜、淬煉出新，更何況人？當外籍配偶或者移工，漸漸嵌入了這個城市，這塊土地，我們這個原就屬於移民社會的國家，也就更繽紛。屆時，不是他們沉默，而是我們一起發聲。

我期望有這麼一天，然而，顯然這條路還在走。

後記——

「旅行所能帶給我們的所謂逃避，除了讓我們面對我們歷史裡面比較不幸的那面外，還能提供些什麼呢？我們偉大的西方文明創造這麼多我們現在享受的神奇事物，但在創造這些神奇事物的同時，也免不了製造相應的病象出來。」法國人類學家李維史陀在《憂鬱的熱帶》當中書寫了他的旅行和田野紀事，他批評了所謂的旅行文學，卻也反思旅行所見：「我們在世界各地旅行，最先看到的是我們自己的垃圾，丟擲在人類的臉面上。」

《憂鬱的熱帶》這本書瀰漫著濃重的悲觀主義，感嘆著全球化帶來的問題，而許多族群文化也因而慢慢消失、溶解。法國的戰後情緒和故事，也影響著李維史陀，所以他又說：「旅行，那些塞滿各種夢幻似的許諾，如魔術一般的箱子，再也無法提供什麼未經變造破壞過的寶藏了。一個四處擴伸、興奮過度的文明，把海洋的沉默擊破，再也無法還原了。」

二次大戰後，許多非西方文化從帝國的靴子底冒了出來，許多著名人類學家都在此刻大展拳腳，成為這些族群文化的見證者，他們的田野地都在帝國邊陲，而這些地方的人們在被殖民多年後，聲音慢慢浮現，世界的多元性也才躍然在人們的見聞中。當然，這樣的異文化或許暫時像個舞台上的丑角一般，被媒體扭曲呈現，但人類學家的工作就是去哪裡，召喚出一群人、一種文化。這是人類學家旅行的必要。

我第一次在發展中國家自助旅行，是進入人類所之前的暑假。那是九一一發生快滿一年之際，當時文明衝突論仍不斷被討論著，杭亭頓談「全球化和文明衝突論」與薩依德的「東方主義」像是對立一般辯論著，但國家和國家、區域和區域的爭鬥，不會因此越辯越明，我也因而感到悲觀，雖不覺得重拾書本就能帶來解答，但至少遁入研究中，可以躲避塵世。

我在讀研究所期間，學到了邊界理論（boundary），這似乎解釋了族群紛爭何以不停發生在你我周邊。社會人類學家巴斯（Fredrik Barth）認為，族群界線的維繫可讓一個族群團體和其他群體分開來，並使該族群延續下去，而任何族群團體的內涵和文化素材是明顯存在著的，換句話說，和血統、地理、親族、語言等等看似原生且根本的族群分別方法比起來，源於文化和歷史記憶的群體意識，才是族群自我認同和延續的原因；然而，標示界線的文化特徵會改變，群體的文化特質也會被轉化，甚至群體的組織形式也會被改變，但只要持續將群體成員和外人二分，就可以繼續標示出這個延續性的特質，並探究變動中的文化形式和內容。再更白話地說，只要區分「自我」和「他者」的界線維繫著，那麼這個族群團體就會繼續存在下去。

這不禁讓人想到小時候，我們總和鄰座同學在書桌上畫線，彼此警告：「不可以跨線！」我們各自守著自己的勢力範圍，但偶爾仍會偷偷將鉛筆盒挪過去一點、書包推過去一點，或利用手肘「偷跨」，也會在對方稍微侵犯領域時大叫：「你跨過線了！」就像瞪仇人一樣，狠狠瞪對方一眼。

很多時候，「國家」是區分你我的那條界線，但國家和國界，能解釋你我的差別和爭鬥嗎？希臘電影大師安哲羅普洛斯在電影《鸛鳥踟躕》中，藉著一位電視台記者亞歷山大到希臘邊境採訪，引出了邊界的問題——阿爾巴尼亞和希臘的邊界線是一道由紅白藍三個顏色畫成的線，駐守邊防的上校對亞歷山大說，「跨過這條線，你要不就是出了國，要不就是死亡了。」因為對面警衛持著機關槍，隨時可以格斃私自越境的人。兩岸的軍隊，隨時都要防止對面的人過來，但兩岸的人卻透過河流分享彼此的音樂，甚至舉辦一場隔岸對望的婚禮——這對新人是從小一起長大的青梅竹馬，參加婚禮的人是同個村子的人，但國界一畫，各自屬於不同國家，連結婚都要靠想像。

然而，跨越國界了又如何呢？可能也面臨死亡，但也可能活著到達另一個國家。順利活著逃到希臘的難民，都在希臘邊境小鎮聚集著，他們以為逃離戰禍，卻又遇上了「死亡邊界」——看到一樁因族群衝突而起的謀殺，上校無奈的說，「我根本弄不明白，人們越境而來，只為找到自由。這是上帝的棄地，世界變得很小。沒有人搞清楚是不是基督徒和穆斯林的衝突，還是庫爾德人和土耳其人的衝突，還是革命者與投機分子的衝突。他們在這裡稱作投機分子。」在難民營裡大家都沉默活著，因為不同信仰和民族差異讓他們之間衝突一觸即發，他們每天都避免碰觸到族群和生死界線，否則可能又會遇上死亡。

「他們好不容易逃出邊界，又遇上邊界。」

邊界，是無所不在的，就像我們的影子一樣。身分邊界就是我們的影子。

身分邊線是不斷變動著的，要確定「我是誰」，往往都需要先知道「我不是誰」。而這些故事往往都從旅行或移動開始。旅行或是移動（移民或移工），是一種改變原本狀態的行為，它強迫你離開原來的位子、接觸生活範圍之外的人群，因為變化，感官格外敏銳。而跨越國界的旅行，更會讓人意識到國家和自己的關係——畢竟，得帶著一本合法申請的護照，而那證明你具有自由跨越國境的身分，你得拿著這本護照去宣告你是誰。

而我，就在國界裡裡外外擺盪了十餘年後，生成了這麼一本關於邊界、身分和認同的書。

「揹著人類學旅行」構築了我的智性世界，我不曾想像自己投身枯燥的學術研究工作，實在難以妄稱是個人類學家，但學術訓練卻琢磨了我尖銳的稜角，讓我敏感於所有街頭巷尾的訊息和口語動作，對每一個相遇毫無防備，打開感官接受每一個異文化的刺激，去傾聽而後真正理解這些庶民的小感嘆，其實都能拉出來一段大敘事。每個人類，每個生命，每個生活，都由微觀構成，關注這些微觀，那些宏觀敘事才能真正發生意義。

當我對全球化乃至於文明衝突感到疑惑時，這些旅途中聽到的故事，給了我不少反饋。請恕我再次引用《憂鬱的熱帶》：「人類學家自己是人類的一分子，可是他想從一個非常高遠的觀點去研究和評斷人類，那個觀點必須高遠到使他可以忽視一個個別社會、個別文明的特殊情境的程度。他生活和工作的情境，使他不得不遠離自己的社群一段又一段長久的時間；由於曾經經歷如此全面性、如此突然的環境改變，使他染上一種長久不癒的無根性；最後，他沒有辦法在任何地方覺得適得其所；置身家鄉，他在心理上已成殘廢。」李維史陀這段話說明了，為什麼我總是想離開台灣，離開熟悉的地方，一次又一次到不遠的他方旅行，我總覺得，在那裡，我才能知道自己是誰，才知道故鄉的位置。

我所去的這些國家，都和台灣有著類似的文化和歷史，包含宗教、米食還有語言，甚至是移民、殖民和日軍入侵等等印記。可惜的是，當許多台商前進東南亞經商，而許多東南亞的人民嫁來台灣或在此工作，原本應該互有交流相互認識，但彼此之間卻仍像陌生人一般，有著莫名所以的隔閡、防備或緊張。明明他們離我們很近，我們卻不了解他們，但如果我們不了解這些鄰近國家，我們又怎麼認識自己呢？我開始意識到對這些國家在我們的認知中竟如此蒼白貧乏。

當我累積越多次旅行、學習越多語言，才了解這些國家和台灣有或近或遠的關係，也才知道台北的古地名有許多甚至是菲律賓文（Tagalog）和馬來文，甚至那些國家發生的大大小小歷史事件，也影響了台灣。這些故事和相互影響，反反覆覆出現在我的所見所聞中，形成一個共振的頻率，擊打著我，我突然了解，越是怯於認識他人，越是會複製偏見和仇恨言論，也越是加強心裡的邊界，衝突自然就存在了。

就在越南「邊界的誤會」發生後幾年，我在台北聽到類似的故事：一位申請來師大學中文的越南人，剛來台灣還沒拿到學生證，當他和一位在台大讀書的馬來西亞人同在一家餐廳打工時，卻被惡意舉報為「大陸偷渡客」，兩個人都被抓到警察局盤問。那時，警察明顯善待擁有台大學生證的馬來西亞華人朋友，卻對語言不通的越南人極不友善，最後，不僅將他關了起來，還遣返回國。

當這位馬來西亞朋友說起這段經歷時，熟悉感油然而生，我立刻想起那段不分青紅皂白就被逼得在越南文件上簽名的經歷，於是也能同理那位越南朋友有口難言的屈辱。當我們對在台灣這塊土地上的異鄉人包持著懷疑或者偏見時，難道不需要想想自己在異鄉時能否忍受同樣的眼光？很簡單的同理心而已。

即使區分你我他的這種邊界，並不可能在心理消除，但我們可以讓這些邊界不那麼霸道地存在，可以允許它暫時消融，所以，請試著讓自己跨出國界、跨越歷史和心理的邊界，認識其他國家、其他族群、其他原以為不同的人，那麼你很快就會發現，他們就是我們，我們也會是他們，然後，我們才會是我們。

延伸書單與片單——

越南——邊界的誤會

洪德青《你一定要認識的越南》／台北／貓頭鷹／2009

柬埔寨——沒落的古國

徐世怡《獻神的舞慾：吳哥皇城的美麗與蒼涼》／台北／皇冠／1997

張翠容《行過烽火大地：戰地女記者遊走邊緣國度的採訪實錄》／台北／馬可孛羅／2002

劉紹華《柬埔寨旅人》／台北／允晨／2005

寮國——湄公河的故事

王志宏等《山川活水：瀾滄江與湄公河》／台北／經典雜誌／2007

羅柏D・卡布蘭《世界的盡頭：種族與文化的邊境之旅》／台北／馬可孛羅／2002

班納迪克・安德森《想像的共同體：民族主義的起源與散布》／台北／時報／1999

印尼——模糊的他者

克利弗德・紀爾茲《後事實追尋：兩個國家、四個十年、一位人類學家》／台北／群學／2009

克利弗德・紀爾茲《文化的解釋》／上海市／人民出版社／1999

雲昌耀《當代印尼華人的認同：文化、政略與媒體》／台北／群學／2012

泰緬邊境——失去身分的異鄉人

賴樹盛《邊境漂流：我們在泰緬邊境 2000 天》／台北／天下雜誌／2008

彼德・波凡姆《翁山蘇姬》／台北／聯經／2012

辛西雅等口述、宋芳綺著《辛西雅與梅道診所的故事：愛在泰緬邊境・緬甸德蕾莎的故事》／嘉義／海鴿／2005

新加坡——馬來之海中的華人島嶼

李光耀《李光耀回憶錄 1965—2000》／台北／世界書局／2000

林悅《榴槤國度》／吉隆坡／海濱出版／2008

沖繩——是不是日本人？

大江健三郎《沖繩札記》／台北／聯經／2009

松田良孝《八重山的台灣人》／台北／行人／2012

林存青、江心靜《亞洲慢慢來：日本沖繩和九州》／台北／聯經／2009

山崎豐子《命運之人》／台北／皇冠／2011

韓國——北緯三十八度線的悲劇

大衛・哈伯斯坦《最寒冷的冬天：韓戰真相解密》／新北市／八旗文化／2012

朴贊郁導演《JSA 共同警戒區》／CJ Entertainment／2000

中國——我是朝鮮族

芭芭拉・德米克《我們最幸福：北韓人民的真實生活》／台北／麥田／2011

羅宏鎮導演《黃海追緝》／Popcorn Films／2010

越南——他人的戰爭

格雷安・葛林《沉靜的美國人》／台北／時報，2001

奧利佛・史東導演《七月四日誕生》／環球影業／1989

婆羅洲與馬來西亞——雨林裡的戰士

李展平《前進婆羅洲：台籍戰俘監視員》／南投／國史館台灣文獻館／2005

張貴興《猴杯》／台北／聯合文學／2000

歐大旭《沒有地圖的世界》／台北／聯經／2012

邱依虹《生命如河流：新、馬、泰16位女性的生命故事》／台北／巨流／2006

香港——成為香港人

傅高義《鄧小平改變中國》／台北／天下文化／2012

呂大樂《四代香港人》／香港／進一步多媒體有限公司／2007

陳冠中《我們一代香港人》／香港／牛津大學／2007

梁以文等《也是香港人：七字頭的新移民誌》／香港／進一步多媒體有限公司／2009

澳門——三本護照的身分認同

亞洲電視新聞部資訊科《解密五百年澳門》／香港／明報／2009

翁靜晶《百年賣身的回憶：殖民地時期華人血淚史》／香港／天地圖書／2011

馬來西亞——別叫我華僑

鄭萬里、蘇小紅等《夢回東方：華僑華人百年心靈史》／台北／商訊／2011

黃興濤《辜鴻銘》／台北市／知書房／2001

王賡武《移民與興起的中國》／新北市／八方文化／2005

陳德森導演《十月圍城》／China Film Group／2009

緬甸——哪裡是我的國家？

柏楊《異域》／台北／遠流／2000

朱延平導演《異域》／延平工作室／1990

越南——日久他鄉是故鄉

林筱芳導演《外籍新娘在美濃》／美濃／美濃識字班／2003

逃跑外勞著、四方報編譯《逃：我們的寶島，他們的牢》／台北／時報出版／2012